ŒUVRES

DE

SAINT-SIMON & D'ENFANTIN

PUBLIÉES PAR LES MEMBRES DU CONSEIL

INSTITUÉ PAR ENFANTIN

POUR L'EXÉCUTION DE SES DERNIÈRES VOLONTÉS

ET

PRÉCÉDÉES DE DEUX

NOTICES HISTORIQUES

HUITIÈME VOLUME

PARIS

E. DENTU, ÉDITEUR

LIBRAIRE DE LA SOCIÉTÉ DES GENS DE LETTRES

PALAIS-ROYAL, 17 ET 19, GALERIE D'ORLÉANS

1866

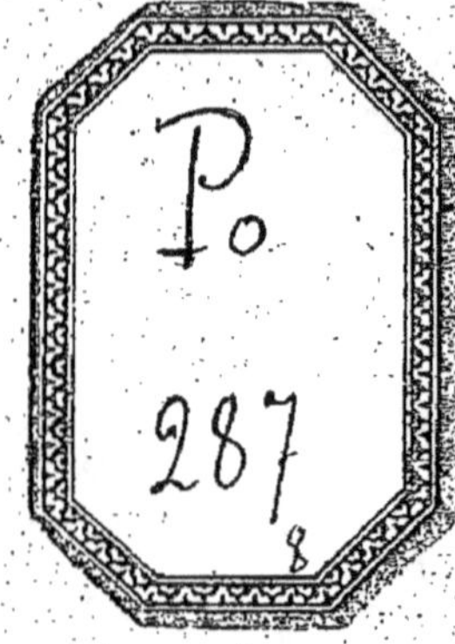

ŒUVRES

DE

SAINT-SIMON & D'ENFANTIN

VIII

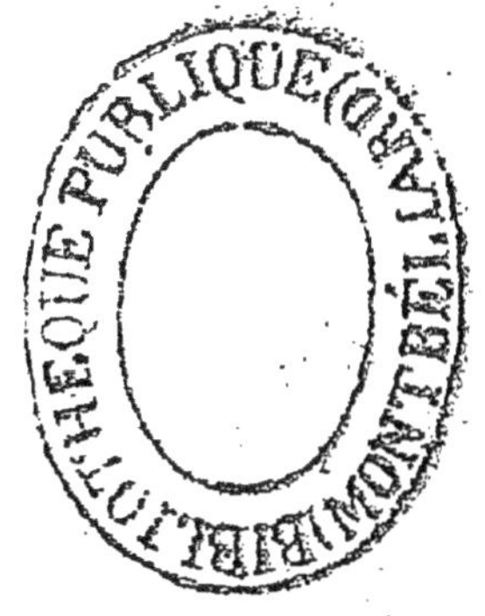

Imprimerie L. TOINON et Cᵉ, à Saint-Germain

ŒUVRES

DE

SAINT-SIMON & D'ENFANTIN

PUBLIÉES PAR LES MEMBRES DU CONSEIL

INSTITUÉ PAR ENFANTIN

POUR L'EXÉCUTION DE SES DERNIÈRES VOLONTÉS

ET

PRÉCÉDÉES DE DEUX

NOTICES HISTORIQUES

HUITIÈME VOLUME

PARIS

E. DENTU, ÉDITEUR

LIBRAIRE DE LA SOCIÉTÉ DES GENS DE LETTRES

PALAIS-ROYAL, 17 ET 19, GALERIE D'ORLÉANS

—

1866

NOTICES

HISTORIQUES

II

ENFANTIN

(SUITE)

XXIV

(1832)

(Août - Septembre.)

Il y a, dans la marche de l'esprit humain, des jours de crise, où des idées apparaissent, où des faits se produisent, qui blessent les croyances, les pratiques et les lois en vigueur, et dont les pouvoirs officiels ne peuvent toutefois déterminer la criminalité, ni poursuivre la répression, sans éprouver des scrupules et des embarras, sans soulever, au dedans d'eux-mêmes comme au dehors, des doutes sur leur compétence intellectuelle, et sans

entendre décliner formellement et consciencieusement leur juridiction morale, par ceux-là même
qu'ils ont mission de juger et de punir.

Enfantin venait de témoigner avec éclat, pendant
deux jours, que ses juges avaient devant eux un
accusé de cette trempe; un accusé qui n'entendait
point se soumettre au jugement des dévots du passé
en comparaissant à leur tribunal, et qui se croyait
le droit et le mandat de les enseigner partout et
toujours, non-seulement par sa parole, mais aussi
par son silence, par son regard, par son geste, par
tout ce qui pouvait, sur sa figure ou dans son attitude, révéler la nature, l'élévation et la supériorité de sa pensée.

Beaucoup avaient ri de cette audace, qui pro-
fessaient pourtant une admiration, très-sérieuse et
très-légitime, pour d'autres audacieux que la foule
superstitieuse et la magistrature ultra-conserva-
trice de leur temps accueillirent aussi par des mo-
queries et des condamnations qui furent bientôt
moquées et condamnées elles-mêmes, au tribunal
suprême de la postérité, comme ridicules ou odieu-
ses, comme attentatoires au progrès naturel et
divin de la raison et de la justice humaines.

Enfantin ne pouvait s'abuser et ne s'abusait pas
sur la difficulté de rendre son langage religieux et

son inspiration prophétique intelligibles pour la masse de ses contemporains. Loin de là, il considérait, comme inévitable et nullement décourageant, que les flétrisseurs d'Aristophane , de Mélitus, de Caïphe et de Festus ne s'aperçussent pas qu'ils risquaient de passer un jour pour les plagiaires de ces flétris antiques, pour les imitateurs des gardiens fanatiques de la tradition païenne ou juive, en renouvelant les railleries et les persécutions des polythéistes d'Athènes et des sadducéens de la Judée, contre un réformateur qui avait la prétention d'annoncer et d'enseigner au monde une morale et une religion nouvelles, et qui, dans ses réponses comme dans ses enseignements hardiment continués devant ses juges, ne s'était pas montré trop au-dessous ni du maître de Platon, ni du disciple de Jésus.

Il suffit, en effet, de se rappeler l'attitude et le langage de Socrate [1] et de saint Paul [2] devant leurs interrogateurs officiels, et de mettre en regard le langage et l'attitude d'Enfantin ayant à répondre (devant des jurés tirés au sort comme les juges de Socrate) sur la vieille et triple accusation d'immoralité, d'impiété et d'incivisme, sans parler du re-

1. Platon. — *Apologie de Socrate.*
2. Les *Actes des Apôtres.*

proche d'insanie; il suffit de ce souvenir et de ce parallèle, pour se convaincre que le rapprochement que nous indiquons ici, entre le précurseur philosophique du christianisme galiléen et le grand apôtre des gentils, d'une part, et l'interprète le plus hardi et le plus complet du saint-simonisme, de l'autre, n'a rien d'exorbitant, rien d'excessif, rien de trop partial en faveur de ce dernier, surtout si l'on veut bien ne pas oublier qu'il lui manque encore ce qui fait ressortir de plus en plus la pleine et vraie grandeur des hommes extraordinaires, le prestige du temps.

Comme Socrate, sans affecter ni l'hostilité ni le mépris pour les divinités antiques, Enfantin annonçait le Dieu qu'il sentait en lui-même, que sa conscience lui révélait, et dont sa raison lui attestait la présence dans l'infini du temps et de l'espace; comme saint Paul, il disait de ce Dieu : *C'est en lui que nous avons la vie, le mouvement et l'être : nous sommes les enfants et la race de Dieu.*

Comme Socrate, il maintenait, en face de ses accusateurs et des menaces de la loi, les affirmations qu'on lui imputait à crime, et il proclamait aussi qu'il avait bien mérité des hommes en leur enseignant à mieux comprendre et à mieux servir la divinité; comme saint Paul, il répondait à ceux qui lui reprochaient, comme des *folies*, ses doctrines plus religieuses que les croyances régnantes : « *Je ne suis point insensé, les paroles que je viens de dire sont des paroles de vérité et de bon sens.* »

Mais ce que le génie de Socrate n'avait pas découvert au philosophe d'Athènes, ce que le Saint-Esprit n'avait pas soufflé au grand apôtre des gentils, l'inspiration progressive, sous l'influence de laquelle grandit l'humanité, l'avait appris au chef suprême des saint-simoniens : c'est que la liberté, l'égalité et la justice ne devaient pas former, dans la cité terrestre, l'apanage exclusif et perpétuel d'une classe et d'un sexe, et qu'elles appartenaient de droit divin à l'universalité des créatures humaines, sans plus d'exception humiliante ou oppressive, dans les institutions politiques et sociales, pour la femme et le prolétaire.

Le caractère et l'importance de cette nouveauté, dans les conceptions philosophiques et les évolutions religieuses de l'esprit humain, avaient été mis en évidence à la cour d'assises par la demande d'Enfantin d'avoir des femmes pour conseils, et par le refus que la magistrature avait cru devoir opposer à cette demande ; refus qui fut même suivi de la menace de faire expulser de l'audience une des dames faisant partie du cortége saint-simonien, et qui n'avait pu se défendre d'une exclamation lorsqu'elle avait entendu invoquer son nom par l'avocat général, à l'appui de l'accusation. Cette dame, née d'un père magistrat, [1] membre de la cour même de Paris, ne voulut pas dévorer en silence l'ennui de ce malencontreux incident. Elle écrivit à M. le président de la cour d'assises la lettre suivante, qui fut publiée bientôt après avec les pièces du procès et le compte rendu des débats :

« M. le président,

» Pendant les débats d'un procès qui a trop prouvé jusqu'ici que les hommes qui en sont l'objet ne peuvent encore être compris, M. l'avocat général n'a pas craint de prononcer mon nom, de citer des paroles sorties de ma bouche à une autre époque, et de les commenter en termes pompeux, sans qu'il m'ait été permis d'expliquer et mes paroles d'alors et ma conduite d'aujourd'hui.

» Menacée d'être *jetée à la porte* si je parlais, j'ai dû me taire devant cette forme un peu brutale de la justice, mais maintenant que, hors de son temple, je puis espérer me faire écouter, je viens d'abord, M. le président, vous remercier d'avoir par ce fait constaté, aux yeux de tous, l'exploita-

---

1. M. Larrieu, conseiller à la Cour royale de Paris, mort en 1824.

tion de la femme et du faible, que les apôtres de
la foi nouvelle ont mission de faire cesser ; tout ce
qu'une femme même aurait pu dire n'aurait jamais
remplacé cet enseignement vivant que vous avez
bien voulu donner, et, je le répète, je vous en
rends grâces.

» Maintenant, voici l'explication que je voulais
donner; je me fais un devoir de vous l'adresser
parce qu'une saint-simonienne n'est l'ennemie de
personne, n'en veut à personne, et cherche toujours à porter la lumière où sont les ténèbres, la
bienveillance à qui souffre de sentiments moins
doux.

» Il est bien vrai, M. le président, qu'il y a dix
mois, je protestai contre cet homme, grand entre
tous, qu'aujourd'hui j'ai senti tant de bonheur et de
gloire à suivre devant ceux qui s'appelaient ses
juges. M. l'avocat général a dit qu'*aveuglée*, fas-
cinée depuis, j'étais revenue dans le sein de la famille saint-simonienne; en changeant les termes,
rien n'est plus exact; oui, je suis revenue plus dévouée, plus remplie de foi que jamais; non point
aveuglée, mais *éclairée*, rassurée sur toutes mes
craintes, par la pureté, l'austère et sainte sévérité
qui a marqué chacun des actes de ces hommes
qu'on accuse d'immoralité; j'y suis revenue édi-

fiée, touchée de cette religiosité qui leur fait accepter tous les sacrifices pour eux-mêmes, afin que dans l'avenir il n'y ait plus de victimes parmi les hommes, afin que la femme, appelée par eux à l'égalité, puisse prendre sa véritable place que DIEU a marquée à côté de l'homme, et non à cette distance que le règne de la force justifiait, qui nous semble sainte dans le passé, mais qui devient impie aujourd'hui.

» Voilà, M. le président, ce que j'aurais dit à la cour, à messieurs les jurés et à tous, si vous n'aviez couvert ma voix par une menace de violence contre laquelle je ne pouvais lutter ; voilà ce qu'aujourd'hui je prétends publier, afin que ces paroles d'une femme pure, heureuse par le mariage et la maternité, qui n'a pas, comme l'a dit M. l'avocat général, rompu tous ses liens, mais qui, au contraire, les a resserrés tous par le sentiment religieux qu'elle a puisé dans la foi nouvelle, sentiment inconnu de nos jours, même entre les êtres qui se chérissent le plus ; afin, dis-je, que les paroles de cette femme viennent rendre témoignage de la haute moralité d'hommes qu'un jury a pu condamner, mais que la postérité glorifiera.

» J'ai l'honneur, etc.

» CÉCILE FOURNEL, *née* LARRIEU. »

A cet acte de foi de Cécile Fournel vint se joindre la parole d'une autre femme, fermement croyante aussi et dont le témoignage s'étendait à la vie entière d'Enfantin. Aglaé Saint-Hilaire, également refusée comme conseil, voulut attester à son tour la haute moralité des hommes déclarés immoraux par un verdict solennel. Elle rédigea une note qui fut publiée à la suite de la lettre de Mme Fournel, et dans laquelle, après avoir dit qu'ayant cherché un enseignement de vérité et de justice dans le réquisitoire, elle n'y avait trouvé qu'un discours froid et apprêté, elle ajoutait :

« Mais le père Enfantin s'est levé, et lorsqu'il a dit : — « *je ne me défends pas*, JE VIENS ENSEIGNER [1] » — son regard s'est promené sur tous les

---

1. Sans ménager mieux qu'Enfantin ses accusateurs qu'il saisit corps à corps et réfuta avec autant de fierté et de vigueur que d'habileté, Socrate s'appliqua davantage à se *justifier*, à paraître *innocent* aux yeux de ses juges et du public, dans ses doctrines et dans ses actes. Au lieu de proclamer qu'il s'était donné pour mission d'arracher le monde au joug de vieilles croyances, au lieu de se dire appelé à enseigner aux jeunes générations une théologie nouvelle, grosse d'une morale et d'une politique plus conformes aux besoins et aux progrès sociaux de la race humaine, il s'efforça de démontrer qu'il s'était toujours borné à de simples entretiens philosophiques, sans avoir jamais eu la prétention de nier les dieux de son pays, de faire des prosélytes, de former une école, d'élever des adeptes. « Je n'ai jamais été le maître de personne, dit-il..., je n'ai jamais promis aucun ensei-

assistants, et après une assez longue interruption, il a repris : — « L'homme et la femme, voilà l'individu social : ceci est un des points les plus élevés de notre dogme...... J'appelle la femme à révéler les préceptes nouveaux qui régleront les relations des hommes et des femmes..... Jusqu'à l'avénement de cette femme messie, moi et mes fils nous vivrons sous la loi du célibat..... Nouveau saint Jean, je livre notre vie au monde ; chacun peut demander compte de nos actes, ils lui seront expliqués : c'est pourquoi JE JUGE ET NE PÜIS ÊTRE JUGÉ ». — Après ces paroles, le père Enfantin s'est tu. Maintenant, qu'est-ce donc qu'un pareil langage pour ce monde qui écoute, pour ces magistrats qui veulent juger et pour ces femmes qui souffrent, si ce n'est la voix de Dieu ?... Une femme, défendant la moralité du père Enfantin, paraîtra audacieusement coupable à ce vieux monde, qui crie anathème contre la parole nouvelle. Mais pourquoi une femme ne défendrait-elle pas la moralité d'un homme qu'elle connaît depuis son enfance, qui

---

gnement, JE N'AI JAMAIS RIEN ENSEIGNÉ. » (Platon. — *Apologie de Socrate.* — Trad. de M. Cousin. — 101.)

Du reste, cette différence si remarquable entre l'apologie de Socrate et celle d'Enfantin s'explique par la distance des vingt siècles et plus qui séparent ici le novateur philosophe du novateur religieux, dans l'histoire de l'humanité.

fut toujours reconnu bon, honnête et moral par
tous ceux qui l'approchèrent et se trouvèrent heureux d'être aimés de lui? Si la crainte de se com-
promettre peut rétrécir le cœur de ceux qui se di-
rent ses amis, et les empêcher d'élever la voix,
non pas pour le défendre, mais pour retracer cette
vie qui inspirerait plus de retenue à ses accusateurs, qu'une femme au moins, qui promit à sa
mère mourante de veiller sur lui comme une sœur,
puisse élever la voix pour dire la vérité au monde..... Je sais que quelques-uns auront encore des
paroles de fiel et des sourires moqueurs pour moi,
femme, qui ose dire que cet homme est grand, bon
et moral, qu'à lui a été donné de sentir toutes les
douleurs des femmes, toutes les douleurs des prolétaires, et de révéler la parole nouvelle qui déter-
minera leur affranchissement; mais j'accepte sans
honte leur réprobation, car je puis aussi leur livrer
ma vie, et ensuite les défier de me regarder sans
rougir. »

Ce témoignage des fortes convictions, demeu-
rées fidèles à Enfantin sous le coup de la persécution, était assez énergique et assez courageux
pour rappeler, aux esprits affranchis des préjugés
séculaires et des traditions exclusives, l'enthousiasme et le dévouement des saintes femmes de la Ju-

dée dont l'âme fut si ardemment remplie d'amour, de foi et d'espérance, quand elles purent recevoir, de la bouche même du rédempteur spirituel des esclaves, la promesse du *royaume céleste*, et qui ne cessèrent pas d'aimer, de croire et d'espérer, quand elles entendirent condamner, par le grand conseil des Hébreux, l'homme divin qu'elles voulurent accompagner au Calvaire et visiter jusque dans la tombe, après l'avoir *suivi en Galilée et l'avoir assisté de leur bien* (MARC, *Évang.*, XV, 41), au temps de ses prédications.

Oui, les premières femmes saint-simoniennes, par leur connaissance et leur amour du vrai Dieu et du vrai prochain (le vrai Dieu embrassant dans sa nature infinie et consciente l'universalité des natures finies, et le vrai prochain comprenant l'universalité des êtres humains à commencer par la classe la plus nombreuse et la plus pauvre); les femmes saint-simoniennes, par l'ardeur et la constance de leur foi, par la fermeté de leur parole, et aussi par l'abandon de leur vie tranquille et de leurs jouissances mondaines, par le sacrifice de leur repos et de leur bien, purent faire dire, comme leur chef suprême à la mémorable séance de la protestation de Jean Reynaud, que quelques-unes des grandes scènes de l'Écriture étaient sorties des régions nuageuses de la légende pour passer dans le domaine des réalités contemporaines et au plein jour de l'histoire. Cécile Fournel ne s'était-elle pas associée complétement à son mari pour abandonner une haute position et appliquer leur fortune entière aux premiers besoins de la nouvelle église? Et cette digne et généreuse femme, cette noble mère, que nous avons vue si résolue et si empressée pour liquider le passé et assurer l'avenir du saint-simonisme aux jours des embarras financiers de l'apostolat dont son fils faisait partie, et que nous avons retrouvée ensuite au calvaire de Ménilmontant, à la prise d'habit [1], Mme PETIT

---

1. Voir au tome VI, pages 218 et 219, et au tome VII, page 109.

Madame PETIT a vécu jusqu'en 1863. Elle a pu voir *réaliser*, dans l'ordre industriel, une partie des grandes choses que la foule des incrédules, en 1832, prenait pour des *rêveries*, dont elle sut apprécier, elle, et encourager les promoteurs, et préparer ainsi l'exécution par ses intelligents, empressés et larges sacrifices pécuniaires. Nous sommes ici les organes d'un sentiment universel parmi les saint-simoniens, en rendant cet hommage à sa mémoire. A l'époque de sa mort, son digne fils, Alexis PETIT, reçut deux lettres qui exprimaient un semblable témoignage de la part de deux anciens membres de l'apostolat groupé autour d'Enfantin. Voici ces deux lettres dont nous sommes heureux d'avoir obtenu la communication :

« Paris, 26 juillet 1863.

« Mon cher Alexis,

» Au retour de ma tournée d'inspection, dans laquelle ma femme m'accompagnait, nous trouvons votre lettre du 15 juin

n'immola-t-elle pas ses affections, comme elle avait immolé ses intérêts, à la propagation de la doctrine?

Et pourquoi ne redirions-nous pas ici, quand nous en sommes à marquer, pour les premières femmes du NOUVEAU CHRISTIANISME, la place que

qui nous annonce un événement que nous étions loin de prévoir d'après les nouvelles que vous-même nous aviez données à votre dernier passage à Paris. Oui, nous prenons grandement part à votre chagrin; indépendamment de l'affection que méritait privément madame Petit, personne de nous ne peut oublier la large part qu'elle a prise au grand mouvement qui nous a tous engendrés. Votre mère aura, à juste titre, sa place dans l'histoire de cette école dont Saint-Simon est le chef, et à laquelle, dans moins d'un siècle, peut-être, on devra la régénération de la société.

» A vous et aux vôtres de tout cœur.

» Henry FOURNEL. »

« Mon cher Petit,

» Je viens vous témoigner toute la part que j'ai prise à la nouvelle de la mort de votre respectable mère. Vous ne sauriez douter de l'affection que j'ai toujours eue pour cette femme aussi distinguée, aussi digne de l'estime de tous les hommes de bonne volonté.

» Votre mère mérite d'avoir une place dans l'histoire du saint-simonisme; elle a beaucoup fait pour le succès de nos idées, et elle l'a fait avec un dévouement, avec une simplicité auxquels plus que tout autre je puis rendre hommage.

» Le souvenir de votre digne mère, celui des bonnes relations que nous n'avons jamais cessé d'avoir ensemble, vivront toujours dans mon esprit.

» Recevez, mon cher Alexis, la nouvelle expression de mes sentiments bien affectueux.

» I. PÉREIRE. »

nous croyons leur être due dans l'histoire du mou-
-vement religieux et social du XIXe siècle ; pourquoi
ne redirions-nous pas le nom de celle qui fut la
première parmi les premières, le nom de CLAIRE
BAZARD, dont nous avons eu à signaler le puissant concours dans la formation et les enseignements de la société naissante, et qu'une dissidence
regrettable put éloigner du centre doctrinal, sans
lui faire rien perdre, pas plus qu'à son mari, ni
de sa foi en Saint-Simon, ni des espérances que
cette foi leur avait données à l'un et à l'autre, sur
l'élévation morale, le développement intellectuel et
l'amélioration du sort matériel des victimes du
hasard de la naissance : les femmes et les prolétaires?

Le moment est venu, ce nous semble, pour tous
ceux qui ont gardé cette foi et ces espérances, de
reconnaître et de témoigner que l'effacement gra-
duel et continu des divergences accidentelles rend
de plus en plus désirable et possible la RÉCONCI-
LIATION, la COMMUNION, qu'Enfantin annonçait à
Jules Lechevalier, en face de la tombe de Bazard,
et qu'il a recommandée en face de la sienne, dans
ses instructions testamentaires ; la COMMUNION que
Bazard lui-même entrevoyait comme devant lui
faire justice, ne dût-elle être que posthume pour lui,

quand il disait dans ses lettres à Rességuier et à Cécile Fournel qu'il poursuivrait sans relâche sa tâche religieuse et sociale, qu'il attendait une communion nouvelle, qu'elle serait peut-être différée au delà de sa vie actuelle, mais qu'*il pouvait s'ajourner, car il croyait à la vie éternelle.*

Les saint-simoniens se sont toujours montrés convaincus que la régénération religieuse qu'ils annonçaient, en plein déclin du catholicisme, offrait la plus grande analogie avec celle que le christianisme opéra lui-même dans le sein du mosaïsme, par Jésus et ses disciples, d'abord, pour l'étendre ensuite à toutes les religions de la terre, par le grand apôtre des gentils.

Eh bien! si nous nous reportons au temps qui sépare ces deux phases de l'apostolat chrétien, qu'y voyons-nous? Ici, les premiers apôtres, Pierre et Jacques en tête, inclinant à réserver la bonne nouvelle aux seuls enfants d'Israël, et à maintenir autant que possible certaines pratiques de la loi ancienne, la *circoncision* entre autres; là, les apôtres de la deuxième heure, sous la conduite de Paul, résolus au contraire à porter et à faire partager à toutes les nations les fruits de la prédication évangélique. Cette divergence engendra des antipathies si profondes, des disputes si violentes, qu'on a pu

dire, sans blesser la vérité historique, que *le protestantisme existait déjà cinq ans après la mort de
Jésus,* et que *saint Paul en est l'illustre fondateur* [1]. Mais ce protestantisme représentait le progrès, et il portait avec lui les destinées du christianisme. Antioche, sa capitale, devint la rivale de
Jérusalem où siégeait l'ancien collége au milieu
des chrétiens judaïsants; et lorsque l'interprétation
la plus large de la parole du maître eut triomphé,
les croyants jetèrent un voile sur les luttes intes-
tines de la primitive Église, pour réunir, dans une
même apothéose, l'apôtre des juifs et l'apôtre des
gentils, dont on alla même jusqu'à ne considérer
la vive controverse que comme une feinte; et un
jour fut marqué, dans le calendrier chrétien, pour
fêter ensemble saint Pierre et saint Paul.

Le saint-simonisme eut aussi ses interprètes, ses
propagateurs de tendances diverses. Rodrigues, le
disciple direct de Saint-Simon, et Bazard, le premier organe de l'enseignement oral de la doctrine
nouvelle, étaient restés attachés à la déclaration
adressée, le 1er octobre 1830, à la chambre des
députés [2], dans laquelle il était dit que les saint-
simoniens, tout en venant annoncer l'affranchisse-

---

1. Renan. — *Apôt.* — 187.
2. Tome IV, p. 123.

ment définitif de la femme et l'égalité de l'époux
et de l'épouse, n'avaient point la prétention d'abo-
lir la sainte loi du mariage et *l'inviolabilité* de
l'union qu'elle consacre. Ils gardaient l'ancienne
loi sur cette question fondamentale, ils *christiani-*
saient au sujet du *mariage*, comme Pierre et Jacques *judaïsaient* à propos de la *circoncision*, et ils
s'étaient séparés d'Enfantin en lui lançant l'anathème, parce que, dans son appel à la femme, il ne res-
pectait pas plus la tradition chrétienne que Paul
n'avait respecté la tradition juive. Tous les trois
pourtant voulaient l'égalité de l'homme et de la
femme aussi bien que l'affranchissement du prolétaire, comme conséquences morales et politiques
du dogme saint-simonien. D'accord sur l'importance
et l'urgence de ce double progrès à accomplir, ils
n'étaient donc divisés que sur une théorie à laquelle
Enfantin ne donnait qu'une valeur éventuelle, et
qu'il soumettait d'ailleurs au contrôle souverain de
l'avenir et au jugement de la femme. En attendant
ce jugement, le temps qui a tant favorisé, dans la
légende chrétienne, le rapprochement des apôtres
semi-conservateurs de Jérusalem avec les apôtres
révolutionnaires d'Antioche, le temps a fait et fera
de plus en plus sentir sa suprême influence sur les
divisions qui attristèrent, sans les décourager, les

saint-simoniens de nuances diverses. Rodrigues et
Bazard sont déjà inscrits et recommandés au souvenir, au respect et à la reconnaissance des fidèles
persévérants de la religion nouvelle, dans le premier calendrier qu'Enfantin conçut, dressa et mit
en usage pour la correspondance apostolique, alors
que les vives protestations, soulevées contre ses
théories morales, en 1831 et 1832, étaient encore
palpitantes. Et Enfantin n'avait-il pas rappelé, à la
cour d'assises, que Bazard comptait beaucoup sur
l'action et les enseignements du temps pour faciliter la solution des problèmes qui les divisaient et
qu'il ne reconnaissait que l'humanité comme com-
pétente, pour prononcer sur le différend [1] qui avait
brisé l'ordre hiérarchique du premier apostolat
saint-simonien?

Rodrigues aussi avait parlé devant ses juges de
manière à leur faire comprendre, aussi bien qu'au
public, que la dissidence, chez lui comme chez Bazard, avait laissé sa foi en Saint-Simon, sa croyance
primitive intacte; son attitude digne et bienveil-
lante à l'égard d'Enfantin pouvait faire espérer que
les événements rendraient possible, plus tôt qu'on

1. Bazard, dans les vives discussions du premier collége saint-
simonien, avait dit que, dans les grandes crises, l'homme le plus
éminent après le *premier orthodoxe* est le *premier hérésiarque.*

ne le croyait au dehors, un premier pas vers la réconciliation désirée par tous les anciens membres
de la famille, à peu d'exceptions près.

Au dehors, régnaient et se manifestaient, en effet, des sentiments d'une tout autre nature. On
peut en juger par les lettres qu'Enfantin fit adresser par Michel Chevalier à divers journaux, et notamment au *Journal des Débats* et au *Courrier
français*. Voici ces deux lettres, précédées de
quelques lignes rédigées à Ménilmontant.

« Les journaux ont tous rendu un compte plus ou
moins inexact du procès. Ce qui se conçoit aisément,
tant à cause de la nécessité de resserrer à la hâte, en
un petit espace, tout ce qui s'était dit et fait à l'audience, que parce que les rédacteurs envoyés au palais étaient sous l'empire de quelques préoccupations
peu bienveillantes ou n'ont pas compris ce qui s'y
était passé. Le Père jugea convenable que *Michel
Chevalier* écrivît à quelques-uns des journaux, de
là cette lettre et la suivante. Le directeur du *Journal des Débats* ne crut pas devoir insérer celle
qui lui était adressée. »

Au rédacteur du Journal des Débats.

« Ménilmontant, 29 août 1832.

» Monsieur,

» Dans votre journal, comme dans plusieurs autres, diverses erreurs de diverse nature se sont glissées à propos du compte rendu de notre procès. En beaucoup de points la parole du Père et la nôtre ont été défigurées. Et je ne prétends pas ici vous en faire un reproche : des hommes qui prêchent une religion nouvelle sont exposés à être peu compris; la vie de tous les révélateurs et prophètes est là pour l'attester.

» Je n'entreprendrai pas de relever les erreurs de détail que votre sténographe vous a fait commettre. Dans le nombre de ces inévitables inexactitudes, j'en choisis une qui est capitale à mes yeux.

» M. le président Naudin, voyant le Père promener ses regards sur l'assemblée, a interrompu l'audience en s'écriant : *Nous ne sommes pas ici pour attendre le résultat de vos contemplations.* Or, ce fait, qui a excité l'humeur de M. le président, ne me paraît pas beaucoup mieux senti dans votre feuille qu'il ne l'a été par lui.

» Le Père a conduit les débats, il l'a dit au jury, en vue de prouver à juges et jurés leur absolue incompétence. Il a voulu leur faire sentir par une série d'incidents qu'ils étaient absolument étrangers aux idées nouvelles et aux sentiments nouveaux qui, par lui, sont devenus les nôtres. Il a

voulu leur montrer que sous le rapport de l'industrie, de la forme, de la beauté, ils étaient imbus à
leur insu de préjugés spiritualistes; que, concer-
nant la matière, l'argent, les plaisirs des sens, ils
étaient dominés par les opinions que le christianisme dut apporter lors de sa venue. Car tout le
débat est là entre nous et ceux qui nous critiquent,
soit avec des arguments, soit avec des arrêts. On
lui contestait l'influence de la *forme*, la puissance
du *regard*, aussitôt il a donné au tribunal, aux
jurés et à tous la démonstration, par voie négative,
de cette puissance, de cette influence, en montrant
que son regard suffisait pour faire sortir de la salle
le président et les conseillers. Et remarquez que si,
au lieu d'être, par rapport à notre Père, sous
l'empire de préventions défavorables, M. Naudin
eût été envers lui animé de sentiments analogues à
ceux qu'il nous inspire, ce *regard* qui a eu pour
résultat, chez M. Naudin, de la colère, aurait eu
pour résultat un généreux enthousiasme.

» Je le répète, Monsieur, le Père a conduit les
débats dans l'unique pensée de prouver à la cour
et aux jurés leur incompétence absolue à juger la
nouvelle face de la vie humaine, que nous avons
mission d'installer sur le pied d'égalité avec le
mode actuel de vie que le christianisme a légué aux

peuples. Il a eu l'intention de leur faire sentir que s'ils avaient la prétention de nous juger, ils tomberaient dans l'absurde, dans la violence.

» Voilà pourquoi MM. les jurés, que nous croyons d'estimables citoyens, se sont embrouillés au point de confondre, dans leur verdict général de culpabilité, l'un des noms, *Duveyrier*, pour un point sur lequel il n'était pas accusé, l'art. 291.

» Voilà pourquoi M. le président Naudin, magistrat honnête certainement, est arrivé à demander à MM. les jurés de reconnaître la culpabilité de Duveyrier sur ce même chef.

» Voilà pourquoi M. l'avocat général a adressé au PÈRE et à nous tous, beaucoup d'injures dont je tiens la moitié au moins pour dites de très-bonne foi.

» Voilà pourquoi votre rédacteur [1] du palais lui-même, spiritualiste exclusif, vous a fait commettre un bon nombre d'erreurs et n'a pas démêlé le vrai sens des débats. — MICHEL CHEVALIER. »

1. Ce rédacteur ne prévoyait pas que le *Journal des Débats* s'affranchirait assez un jour de ses préventions contre les saint-simoniens pour ouvrir ses colonnes à des apôtres de Ménilmontant et pour faire profiter grandement ses abonnés de la collaboration de Michel Chevalier lui-même. D'autres disciples d'Enfantin ont écrit dans cette feuille, et quelques-uns figurent même encore très-honorablement et avec distinction parmi ses rédacteurs.

A M. le rédacteur du Courrier français.

« Ménilmontant, 34 août 1832.

» Monsieur,

» Dans votre numéro du 30 août, vous affirmez que notre PÈRE est par nous appelé *Dieu*, et que nous avons abdiqué *toute liberté morale;* vous qualifiez notre doctrine morale d'*effrontée* et de *dégoûtante*. Peu s'en faut même que vous ne portiez contre nous l'accusation d'escroquerie.

» De la part d'un journal aussi consciencieux que le *Courrier*, parmi les rédacteurs duquel sont quelques hommes qui nous avaient accoutumés à d'autres procédés, cet article nous a laissé une impression pénible, je vous l'assure.

» On ne sait guère aujourd'hui ce qu'est un homme religieux, cela tient à ce que les religions du passé ont fini leur temps. Toutefois, peut-on trouver extraordinaire qu'un homme religieux, à qui un magistrat présente une formule de serment qu'il ne connaît pas, s'en réfère sur cette grave question à son directeur de conscience, au chef de sa religion? Celui qui a librement accepté une hiérarchie religieuse parce qu'il l'aime, agit librement en faisant profession de sentiments hiérarchiques. Vous êtes exclusivement occupé d'une face de la

vie qu'on appelle *liberté, dignité humaine*. Ce sont
en effet choses très-importantes; mais pourquoi
croyez-vous qu'il soit impossible de les concilier
avec ces autres faits non moins importants, *autorité*, obéissance? Prenez-y garde; si l'accord est
impossible entre la liberté et l'autorité, la dignité
humaine et l'obéissance, il faut en conclure que
l'humanité est destinée à osciller perpétuellement
entre l'anarchie et le despotisme, entre le servi-
lisme et la révolte.

» Quant à la qualification de *Dieu* qui, suivant
vous, serait par nous donnée à notre PÈRE, je n'ai
rien à vous dire, si ce n'est que vous avez été mal
informé. Vous ne l'avez lue dans aucun de nos
écrits, vous ne l'avez entendu dire à aucun de nous;
ce serait la négation complète de notre dogme. Permettez-moi de vous faire observer que c'est se montrer envers son prochain peu soucieux de la *dignité
humaine* que de lui prêter, sur des informations
légères, des actes que soi-même on traite de *folies*.

» Je sais bien que notre relation avec notre PÈRE
doit vous sembler extraordinaire. Examinez cependant : tous ou presque tous nous avons quitté, pour
le suivre, soit des professions honorables, soit une
fortune honnête, soit des positions qu'entoure la
considération publique. Le fait peut s'expliquer de

deux manières : ou nous sommes tous devenus fous, ou il est un homme prodigieux. Pourquoi choisir de prime abord la première hypothèse? Pourquoi ne pas prendre la peine de vérifier la seconde? Le siècle a tant besoin d'un homme puissant qui le sauve, que le devoir des bons citoyens serait, ce me semble, de rechercher cet homme partout où il peut y avoir ombre d'espérance de le trouver.

» Notre doctrine morale vous donne des nausées. Mais que pensez-vous de la prostitution que patentent les prédicants de la morale publique qui viennent de nous juger? Que pensez-vous de l'adultère, ou, en d'autres termes, des *bonnes fortunes?* Aujourd'hui toute femme est vendue, car le mariage lui-même est un acte de trafic. Quant à l'adultère, il est le centre autour duquel tournent tous vos spectacles, toutes vos chansons, tous vos romans. Et l'extension pratique en est énorme : si vous en doutez, demandez-vous combien, sur cent hommes arrivés à l'âge de trente ans, il y en a qui ne se vantent d'une ou de plusieurs *bonnes fortunes.* Cette lèpre est là, toute pruderie à part, il faut le reconnaître : quel remède avez-vous pour la guérir? Notre Père, lui, a dit une parole dont nous avons foi qu'un jour sortira un remède radical; il l'a dite, sachant qu'elle serait d'abord taxée d'immoralité; il l'a dite, et aussitôt, comme pratique, il s'est imposé et a fait accepter à ses fils la loi du célibat. Il y a du moins dans cette conduite un dévouement qui, de la part des hommes de cœur, valait autre chose que des injures.

» Notre doctrine morale, c'est que l'influence de la beauté et des plaisirs des sens, influence immense qui, aujourd'hui, est toute démoralisante, peut et doit être employée à moraliser. Nous pensons que la beauté et ses plaisirs cesseront d'être des causes de perdition, et deviendront un jour un puissant levier de civilisation et de progrès pour les hommes et pour les femmes. Nous le croyons de toutes nos forces, et nous consacrons notre vie à le faire sentir à autrui. Quant à vous, Monsieur, qui avez un esprit élevé, je vous engage, comme préparation, à relire les *Deux Sœurs de charité*, de Béranger, pour lesquelles cet illustre poëte fut, lui aussi, convaincu d'outrage à la morale publique.

» MICHEL CHEVALIER. »

En dépit de toutes les explications, les détracteurs du saint-simonisme persistaient donc à poursuivre de leurs sarcasmes ceux que la police et la justice poursuivaient de leurs rigueurs. Les sceptiques frondeurs du journalisme étaient d'accord avec les croyants officiels préposés à la garde de la loi qu'ils appelaient *athée*, pour contester à la doctrine nouvelle le droit de s'appeler *religion*. De là, justification implicite, par le libéralisme de l'opposition, des mesures administratives qui enlevaient aux saint-simoniens le bénéfice de la liberté des cultes, et qui les soumettaient à l'application du fameux article 291. Les saint-simoniens ne pouvaient pas accepter cette fausse appréciation de la nature de leurs idées et du caractère de leurs actes. S'ils ne prenaient pas leur chef pour un DIEU, ils voyaient du moins en lui *le plus religieux des hommes*, et ils avaient foi que l'avenir donnerait aussi ce titre au fondateur du *nouveau christianisme*. Leur conviction profonde à cet égard s'était manisfestée de bonne heure. Bazard, Jules Lechevalier, Michel Chevalier, n'avaient-ils pas en août 1831 [1], refusé le service militaire de la garde nationale, en se fondant sur les dispositions de la loi qui en dispensaient les ministres des autres cultes? En juillet 1832, le même cas s'était présenté, à l'occasion du tirage au sort d'un des plus jeunes apôtres de Ménilmontant, Broët, et Michel Chevalier, au nom d'Enfantin, lui avait délivré un certificat à produire devant le conseil de révision, et

1. Tome IV, p. 39.

constatant *qu'il faisait partie de la famille apos-*
tolique dont tous les membres consacraient leur
vie à la propagation de la religion saint-simo-
nienne.

Mais Enfantin, en présence des tracasseries in-
cessantes dont il était l'objet avec ses disciples, dans
leur retraite de Ménilmontant, par suite de la per-
sistance de la police à méconnaître leur caractère
religieux, avait pris le parti de faire écrire, par
Michel Chevalier, aux ministres de la justice et de
l'intérieur pour protester contre cette aveugle persécution. Voici la lettre adressée au ministre de la
justice, M. Barthe :

« Monsieur le Ministre,

» La liberté des cultes serait vaine pour nous
qui sommes réunis dans la maison de notre Père,
et qui, auprès de lui, professons notre foi, si les
agents de la force publique pouvaient user contre
nous de l'art. 291 du code pénal.

» C'est pourquoi, Monsieur le ministre, moi que
notre Père a chargé des affaires d'ordre de la famille, je m'adresse à vous et à M. le ministre de
l'intérieur, qui l'un et l'autre avez puissance de
nous éviter toute poursuite nouvelle, à raison de
cet article 291, en éclairant par vos instructions
les fonctionnaires placés sous vos ordres sur le vrai

sens de cet article et du principe de la liberté religieuse.

» Depuis six semaines que de nouvelles difficultés nous sont suscitées, nous nous sommes abstenus de toute démarche positive, parce que des réclamations du même genre, par nous élevées le 30 janvier dernier, étaient restées sans résultat. Mais depuis quelques jours, des actes d'une nature de plus en plus gênante se succèdent contre nous avec une rapidité de plus en plus accélérée; aussi notre Père s'est décidé à une démarche nouvelle dont il espère plus de succès, puisqu'elle est faite auprès de vous, et les courtes occasions que j'ai eues de vous voir et de vous entendre dans votre cabinet, me font partager cette espérance [1].

» Il ne peut entrer dans vos desseins, j'en suis bien sûr, Monsieur le ministre, ni dans les vues de M. le ministre de l'intérieur, que tous les jours notre domicile soit envahi, que nos portes soient régulièrement gardées par des soldats, qu'il soit défendu à nos plus proches de nous visiter, et finalement qu'on appose les scellés sur trois de nos portes, tout cela afin d'empêcher des exercices où tout se passe dans le plus grand ordre. Il dépend de vous, Mon-

1. M. Barthe est mort depuis peu d'années, collègue de M. Michel Chevalier au Sénat.

sieur le ministre, de mettre fin à ces inutiles rigueurs ; c'est un hommage qu'il vous sera agréable
et facile de rendre à la liberté religieuse.

» MICHEL CHEVALIER. »

Mais la puissance publique, soutenue même par
certains organes de la presse dite libérale, n'était
nullement disposée, à cette époque, à faire l'application de la liberté religieuse à la religion saint-
simonienne ; les débats et l'issue du procès en cour
d'assises le prouvèrent trop. La justice devait sanc-
tionner les œuvres de la police. Nous avons vu que
les jurés et les juges avaient déclaré les uns après
les autres que le saint-simonisme n'était pas une
religion, et qu'ils avaient prononcé irrévocable-
ment la dispersion de ses propagateurs par une
sentence solennelle, sans qu'un autre Gamaliel vint
conseiller la tolérance aux rigoristes serviteurs de
la tradition.

Le premier soin d'Enfantin, après sa condamnation, avait été de faire répondre aux journaux qui
avaient dénaturé ses paroles, ses pensées et son attitude. Voyons maintenant comment il parle lui-
même de ces mémorables journées des 27 et
28 août, dans sa correspondance familière ; il écrit
d'abord à son père, retiré alors à Curson, en Dau-
phiné.

« Ménilmontant, 2 septembre 1832.

» Père, je pense que la condamnation ne t'a pas inquiété, quoiqu'elle soit aussi forte qu'elle pût être ; ce qui t'aura le plus vexé, c'est l'inexactitude malveillante des journaux et surtout des *Débats*, car si je me fâchais des jugements qu'on porte sur nous, ceux qu'on a émis à propos du procès m'auraient vraiment mis en colère ; il est difficile de travestir avec plus de mauvaise foi. Nous nous occupons de l'impression de toutes les pièces du procès ; cela fera un petit volume assez curieux, et, en même temps, nous ferons paraître un ouvrage dont je t'ai déjà parlé, je crois, et que nous avons fait ici, qui a un caractère très-scientifique.

» Comme à mon ordinaire, bien peu de personnes m'ont compris au palais, même ceux sur lesquels j'ai fait les expériences les plus justificatives de notre foi. Je les ai forcés à me refuser des *conseils*, FEMMES ; à empêcher de parler nos *témoins*, HOMMES, et eux-mêmes à quitter la place en les fatiguant du *regard*. Or, justement ils m'accusent de provoquer les FEMMES surtout au *désordre*; d'*abrutir* mes *enfants*, et ils ne veulent entendre ni les uns ni les autres ! Enfin ils me reprochent d'attacher une importance exagérée et funeste à la *forme*, à la *beauté*, à l'*extérieur*, et eux se mettent en colère contre moi par l'influence seule de mon *extérieur*, sans que j'aie besoin de prononcer un seul mot.

» Les journaux et le président ont affecté de prendre pour de l'embarras ce qu'ils savaient bien (le président surtout) être volontaire, puisque, si c'eût été de l'embarras, le président et les juges se seraient bien gardés de se mettre en colère comme ils l'ont fait. Au reste, je trouve bien naturel qu'ils se soient fait ainsi illusion à eux-mêmes, la chose étant neuve et difficile à comprendre.

» Le résultat du procès est pour nous que notre habit est installé à Paris; chaque jour, de nos enfants y vont, et dans les quartiers du *peuple* ils sont reçus avec curiosité, mais avec bienveillance; quant aux bourgeois, ils lèvent les épaules et nous saluent généralement de leur mépris, quoiqu'ils trouvent le costume joli, mais parce que cette *mascarade* leur paraît indigne d'hommes raisonnables, à eux qui se masquent chaque jour en garde national, en avocat, professeur, militaire, député, etc., car tout cela porte uniforme.

» Pour le procès en police correctionnelle, il faut être saint-simonien pour le perdre; aussi est-ce possible; toutefois, je ne le crois pas. J'ai été très-content de Rodrigues dans le procès; c'est sur lui que portera presque uniquement la défense de celui en police correctionnelle. Je crois que la cour de cassation ne prononcera pas avant quarante jours.

» Tu me demandes où est Laurent ; il est chez lui au bourg Saint-Andéol, nous aimant toujours beaucoup. Tu as vu que Flachat allait déposer au procès ; il est toujours aussi aimant pour nous. Il travaille à Paris avec Lamé et Clapeyron à une grande affaire de chemin de fer. »

Une lettre à Thérèse sur le même sujet ne se fit pas attendre :

« Ma chère amie, lui dit Enfantin, les lettres que mon père écrit à Aglaé sont tristes ; cette condamnation l'afflige outre mesure, et je crains l'impression qu'auront dû lui faire des articles *menteurs* de journaux, où l'on disait que des apôtres avaient été battus par des gendarmes ou par le peuple ; je le crains, et cependant je redouterais encore plus pour lui sa présence près de nous ; son inquiétude serait de tous les instants ; à chaque mot, à chaque bruit, à chaque ligne de journal, il serait en l'air ; des événements très-passagers qui nous placeraient dans des positions difficiles, soit comme manque d'argent, soit comme injures ou condamnations, soit comme persécutions ou souffrances d'un genre quelconque, lui paraîtraient des malheurs inouis et définitifs ; ne comprenant en aucune manière toutes ces choses qui sont des conditions indispensables de notre *foi*, qui doivent nous donner les occasions de montrer sous toutes les formes ce que nous sommes, aussi bien comme courage, résignation, patience, énergie, calme, que comme savoir et intelligence des choses politiques et scientifiques ; ne comprenant, dis-je, tout cela, nouveau Jérémie, il se désolerait de toutes choses. D'un autre côté, ce que tu me dis de vos discussions vives me fait craindre qu'un séjour prolongé au milieu de vous ne soit pour vous trois une cause de souffrance que je voudrais à toute force éviter. Je sais que le pauvre père, à son âge, doit avoir des moments d'humeur, semblables à ceux de mon oncle, de votre père, et que vous devez être, encore plus souvent que je ne l'étais avec votre père, en discussion pénible. Dis-moi franchement, ma chère Thérèse, ce que tu penses dans cette circonstance ; tu m'accuses de vouloir la perfection, et pourtant je t'assure qu'en ceci, comme en toutes choses, je veux le *mieux*, et non le *parfait* ; je cherche le PROGRÈS, et non l'*absolu*.

» Tu trouves nos barbes affreuses, et tu nous compares à des *capucins*. Toujours même hérésie, chère chrétienne ; bon à Voltaire de plaisanter des *capucins,* mais à toi ! Je me rappelle qu'en voyant un vieux tableau allemand, représentant des moines écoutant une lecture (je crois que ce tableau est chez Maurice Charles), je disais : on voit bien que ce tableau est fait par un *protestant;* toutes les figures de moines étaient affreuses ; il semblait que des monstres s'étaient donné le plaisir de s'encapuchonner. Tu es protestante à l'égard des *capucins,* qui ont dû avoir leur beau temps. Mais d'ailleurs, avec une longue barbe, ne peut-on ressembler qu'à un capucin? Le *Jupiter* olympien en a une belle ; le *Moïse* de Michel-Ange en a une immense. La force antique n'est jamais représentée imberbe ; *Jésus, Jésus* lui-même en avait une, tu le sais bien. Au reste, je t'enverrai un médaillon en plâtre que l'on vient de faire pour une médaille; tu verras si je suis si affreux. Quant au costume, tu voudrais peut-être nous voir des culottes courtes, bas de soie noire et chapeau à corne; tu trouverais cela plus grave, plus sacerdotal. Ne t'en déplaise, notre costume est l'expression de notre foi d'aujourd'hui ; nous venons surtout pour le PROLÉTAIRE et pour les FEMMES; nous nous habillons comme ils aiment qu'on s'habille, d'une manière *commode* et *élégante,* de manière à montrer l'activité, l'énergie, l'ardeur qui sont en nous. Quand, d'un autre côté, on garde le célibat, qu'on a des barbes sévères, un regard qui n'est pas farceur, et qui interloque même les juges sur leurs siéges, on est dans un costume très-conforme à notre foi, qui consiste dans l'*harmonie* des deux natures, *gravité* et *gaieté*. Enfin, tu penses bien que ceci n'est qu'un premier essai, qu'une forme *apostolique*, c'est-à-dire transitoire, et qui se modifiera selon ce que nous aurons à faire, selon les lieux où nous aurons à nous montrer.

» Tu crains que malgré l'affection qui m'entoure, et malgré le calme de ma conscience, je ne souffre intérieurement. Que serait ma vie, si je ne connaissais pas la souffrance? Mais je ne souffre pas là où le monde croit que je peux souffrir, car il ne me comprend pas encore; un jour, il sentira quelles ont dû être mes joies, mais aussi quelles ont dû être mes douleurs. »

Enfantin avait remis à Broët, qui avait à comparaître devant le conseil de révision du département de l'Ardèche, une lettre pour Laurent retiré à Bourg-Saint-Andéol. La réponse de Laurent suivit de près la condamnation des saint-simoniens par la cour d'assises. Elle a été conservée dans les archives, et copiée de la main d'Enfantin; nous en reproduisons un extrait, d'après cette copie :

« Si Broët vous a rapporté exactement, disait Laurent, tout ce que j'ai ressenti, tout ce que j'ai dit, tout ce que j'ai laissé deviner, à la lecture de votre lettre, vous avez déjà reçu la meilleure réponse que j'y puisse faire. Plus que jamais je vous aime et je vous admire, quand une moitié du monde vous persécute et que l'autre ne vous comprend pas, et cependant plus que jamais je ne puis vous suivre. C'est une position assez bizarre que celle d'un homme que son affection la plus puissante pousse vers vous, en même temps que sa raison, dans ses moments d'audace, lui fait envisager sans trop d'effroi votre *folie*, et qui sent néanmoins que votre langue, votre loi, votre vie, ne peuvent plus être sa vie, sa loi, sa langue. D'autres trouveraient cette contradiction inexplicable ; pour vous qui me connaissez mieux que qui que ce soit au monde, elle est toute naturelle. Oui ma destinée est de vivre au milieu d'une société dont les travers, les vices et les misères me contristent et me dégoûtent de plus en plus. C'est que la hideur *réelle* du présent me touche plus que la beauté *idéale* de l'*avenir*, et qu'il est dans ma nature d'abandonner le futur et l'idéal aux *prophètes*, pour me jeter en *tribun* impatient, sur le *positif actuel*, et pour dénoncer amèrement le mal *prochain*, au lieu de chanter religieusement la félicité *lointaine*.

» Je resterai donc séparé de vous que j'aime de toute mon âme, de vous qui avez triomphé seul, quoique vous en disiez, de mes penchants anti-hiérarchiques et de ma nature rebelle ; car, alors même que je ne puis vivre sous votre autorité, je recherche et je saisis toujours avec bonheur l'occasion de proclamer votre immense supériorité. Cette proclamation, il est vrai, rencontre aujourd'hui force incrédules, depuis que vous avez paru à la cour d'assises, pour y enseigner vos juges, comme Jésus, au lieu d'y plaider comme *Courier*. Mais ce que le public, après le *Journal des Débats*, appelle votre *déconvenue*, ne m'arrête pas du tout, et je soutiens envers et contre tous que vous avez été aussi haut placé que vous deviez l'être dans votre position de LÉGISLATEUR SUPRÊME, et que ce n'est pas votre faute si votre parole, votre geste et votre regard ne sont pas compris. Vous pouvez bien penser que plus d'un censeur n'a pas eu à se féliciter de s'être pressé un peu trop de rire, devant moi, des réponses, des contemplations et des besoins de recueillement du père Enfantin. J'étais entouré de si singuliers défenseurs de la morale publique, au moment de votre procès, que je n'eus pas de

peine à les faire repentir de dépenser tant de zèle
et de rigorisme pour une chose dont ils font si bon
marché dans la *pratique*. Plus d'une fois la chaleur
que je mettais à repousser de pitoyables attaques,
faisait partir ce cri du milieu de mes interlocuteurs :
mais il est toujours saint-simonien ! et moi de répliquer vivement : « Si pour être saint-simonien il
ne faut que *sentir profondément* le ridicule et l'absurdité de vos maîtres en morale et en politique, et
la supériorité des hommes qui vous paraissent si
risibles, je suis le premier saint-simonien du
monde. »

» On m'a objecté aussi le peu d'effet que vous
aviez produit sur votre auditoire, et j'en ai pris occasion de demander un jour à un mathématicien
s'il pensait que Laplace, Newton, Leibnitz ou Des-
cartes, interrogés, *chez les frères ignorantins*,
sur la mécanique céleste, le calcul intégral, les
monades et la psychologie, eussent excité par
leurs réponses un bien vif enthousiasme, chez les
écoliers et leurs pédagogues. Voilà pourtant, ajou-
tai-je, l'histoire de la *déconvenue* du père Enfantin par-devant l'aréopage *patenté* de Paris.

» Au reste, ces boutiquiers qui vous jugent, ces
docteurs qui vous outragent, ces soldats qui vous
bloquent à domicile, ce peuple qui vous poursuit

dans les rues, tout cela me révèle de plus en plus la profondeur de nos plaies et de nos misères, et la nécessité d'une rénovation qui délivre le peuple et ses maîtres de leur commune ignorance, de leur aveuglement, de leur perversité. Vous annoncez, vous, cette rénovation, vous en indiquez les bases, et vous croyez voir déjà le monde soumis à votre loi; mais pendant que vous jouissez prophétiquement du succès de vos doctrines, les cris de douleur qui m'assiégent de toutes parts absorbent mon attention, et je me sens entraîné à porter vite de la charpie sur les plaies dont vous préparez la guérison radicale.

» J'avoue très-humblement que la petite part m'est échue dans cette division de travail; mais c'est une affaire de vocation, et je m'y soumets [1].

» Frère, Père, ami, qui que vous soyez, je vous embrasse de toutes mes forces. »

La réponse à cette lettre fut confiée à d'Eichthal par Enfantin, qui se réserva d'y ajouter un *post-scriptum*. La lettre de d'Eichthal renferme des détails tout à fait intéressants sur la situation, les projets et les espérances de la famille apostolique de Ménilmontant, à cette époque. Nous l'insérons

---

[1]. Laurent allait se présenter alors aux élections de l'Ardèche.

ici intégralement ainsi que le *post-scriptum* d'Enfantin.

« Je suis le plus détestable faiseur d'épîtres qui
soit au monde, Père Laurent, et cependant, en
l'honneur de vous, et pour vous remercier de la
bonne lettre que vous avez écrite au Père, je taille
ma plume, instrument qui n'est plus guère à mon
usage, je mets un peu d'eau dans la bourbe de mon
encrier, et je vous écris; vous devez ardemment
désirer avoir de nos nouvelles, et nous avons
besoin de vous dire que nous vous aimons toujours
bien.

» Broët a dû vous conter en détail notre vie de
Ménilmontant pendant ces quatre derniers mois; véritable vie de caserne ou de couvent; appels, revues,
visites des chambres, travaux communs et en silence, marche en rang et au pas, *égalité* absolue
de tous sous le *despotisme* d'un seul, etc... avec
cela un célibat complet, et abstinence assez complète.

» Eh bien la famille a tenu bon à cette épreuve,
sauf quelques-uns qui se sont retirés amicalement
comme Flachat, Mercier, Françonie etc., parmi
tous les tours de force qu'a faits le Père, je
doute qu'il y en ait un aussi grand, et Michel a
eu la gloire de nous faire faire ce rude apprentis-

sage en s'acquérant la reconnaissance de toute
la famille, mais un peu aux dépens de sa propre
santé.

» Cependant cette vie toute passive devait avoir
un terme, et il était temps de lancer sur le monde
les hommes mûris par cette éducation intérieure,
dont la prolongation commençait à devenir pe-
sante. Le Père l'a senti, et depuis le commencement de la semaine, les choses ont changé. Michel
a entièrement quitté la direction de la famille;
Barrault y avait de fait renoncé depuis quelque
temps pour s'occuper de travaux dogmatiques.
Hoart et Bruneau, qui avaient le plus secondé Michel dans l'œuvre disciplinaire, sont, sans perdre
de temps, partis en mission pour le midi (Lyon,
Montpellier et Toulouse) avec Ribes; et la famille
a été plus spécialement confiée au diabolique Duveyrier, au bon Lambert et au fougueux d'Eichthal, afin que chacun pût à son aise, se donner de
la liberté. Le Père s'est concentré *chez lui* avec sa
chambre des pairs, Michel, Barrault, Simon, Ollivier et Holstein, et nous nous sommes immédiatement mis en campagne, décidant pour mesure première (la famille consentant, bien entendu) qu'il n'y
aurait plus de dîners à la maison, excepté deux fois
la semaine, et que nous irions manger pour quinze

sous aux cuisines bourgeoises des ouvriers et des artistes.

» Réjouissez-vous, Père Laurent, car voici parmi nous la *souveraineté du peuple* installée. La famille est maintenant une *vraie république*, et il n'y a rien de commun entre ce qui existe et l'ancienne *hiérarchie*; celle-ci, le Père n'a jamais voulu consentir à la rétablir, disant qu'en l'absence de la femme, il ne peut y avoir de hiérarchie fondée ; mais sentant le besoin de cette phase nouvelle de liberté, et désirant en même temps resserrer le lien de la famille, pour échapper au danger d'une dissolution, il a demandé à ses enfants de lui désigner un de leurs frères, dans lequel ils reconnaissent le sentiment le plus développé de la *vie éternelle*, et par conséquent de la *conscience*.

» Les désignations sont toutes tombées sur les membres de l'ancien collége, sauf Bruneau qui a été désigné par Hoart. Ainsi Barrault, Michel, Hoart, Duveyrier, Lambert et moi, nous nous sommes trouvés investis, par le choix même de nos frères, d'une autorité morale sur eux. Barrault, Michel, Hoart, devant rester, par leur nature, étrangers au mouvement de spontanéisation et de fraternisation actuel, la tâche est donc échue à nous trois

que je vous ai nommés, et c'est à l'aide d'une autorité purement *morale* et *fraternelle*, que nous
avons, sous la surveillance du Père, à diriger la famille dans la voie passablement scabreuse où elle
se lance. C'est la contre-partie du tour de force de
Michel.

» Voilà donc, Père Laurent, notre petite *révolution* saint-simonienne, à côté de la grande révolution ministérielle qui vous occupe assurément beaucoup depuis quelques jours, et ce n'est pas à vous
qu'il est besoin de dire qu'il y a quelque chose de
très-*providentiel* dans la rencontre toute fortuite
de ces deux événements. Voilà Michel libre de re-
prendre la politique ; Hoart et Bruneau vont montrer à la province notre habit, protégé du souvenir
de l'habit militaire, et du prestige de la croix
d'honneur sur la poitrine de Bruneau ; et nous autres ici allons soigner le peuple, les artistes et les
femmes. J'aime à espérer que le gendre de madame
de Staël ne nous déclarera pas la guerre ; providentiellement parlant cela ne peut pas être ; le caractère de lutte nous va de moins en moins, car il
nous est bien démontré que, sans le concours des
femmes et des artistes, nous ne pouvons exercer
une large action sur les masses. Or, les artistes et
les femmes n'interviendront pas là où on lutte.

Nous sentons d'ailleurs que le peuple lui-même nous accueille d'autant mieux qu'il est dans une disposition d'âme plus douce et plus aimante ; cela doit être, puisque nous lui parlons une parole, non pas de colère mais de conciliation. Dieu, en donnant au peuple cette année de si abondantes récoltes, nous a suffisamment averti de l'esprit qu'il veut mettre dans le peuple et en nous-mêmes. D'ailleurs les dispositions du public à notre égard deviennent évidemment de plus en plus favorables. Il est faux que nous ayons jamais été maltraités par le peuple : une seule fois au faubourg Saint-Antoine, Desloges et moi, avons été un peu sérieusement menacés ; mais la foule avait été calmée immédiatement. Le reste n'a été que cris de polissons ou de gardes nationaux ; mais maintenant notre costume est partout accepté dans Paris ; mais le procureur du roi a fini par se lasser de nous envoyer des soldats, quoiqu'il nous assaille toujours de procès-verbaux contre nos réunions publiques ; mais notre procès en police correctionnelle, indiqué pour vendredi prochain, paraît prendre bonne tournure ; mais les femmes affluent vers nous, et, à chaque injure d'homme, s'élève pour nous défendre une voix de femme ; mais les petits enfants répètent nos chants ; mais la police n'a pas pu réussir à soutenir une seule pièce de théâtre contre nous ; mais l'association Flachat, Péreire, Lamé, Clapeyron, va très-bon train ; mais nous sommes pleins de joie et d'espoir, et nous vous attendons pour vous montrer nos barbes.

» Veuillez nous dire, Père Laurent, si vous avez toujours bon espoir pour la députation. Cette question, qui nous intéresse beaucoup sous le rapport général, nous intéresse aussi sous le rapport particulier du bail de la rue Monsigny. Depuis six mois le loyer n'est pas payé ; le propriétaire fait même en ce moment dresser inventaire du mobilier, pour au besoin le saisir ; la maison, en ce moment, ne nous sert presque à rien, et cependant ce nous serait une preuve qu'elle devrait nous servir de nouveau, et en tous cas un motif péremptoire de ne pas résilier le bail (au moins de l'éviter jusqu'à la dernière extrémité) si votre élection était *probable*. Soyez sûr que nous agirons vigoureusement pour vous assurer votre affaire, mais veuillez nous répondre au plutôt où en sont les choses.

» Adieu Père Laurent, je vous embrasse et passe la plume à un autre. » — GUSTAVE D'EICHTHAL.

LE PÈRE à *Laurent*.

» Je sens bien, Père Laurent, que vos soupes à

la Rumfort, dans la marmite constitutionnelle, si-
gnifient que vous espérez la députation ; je ne
m'expliquerais pas bien d'ailleurs votre éloignement de nous, si nous n'en obtenions pas tous ce
résultat. Honorable cuisinier, je vous salue donc à
l'avance, et vous promets bien sincèrement de
manger votre soupe, quoique je ne goûte plus
guère le potage ou tripotage constitutionnel,
parce que je sais que vous y mettez force épices
de mon goût, qui vont à mon estomac, et me font
digérer le tout sans accident.

» D'Eichthal, dans ses trois pages (chose rare
pour lui et dont vous lui saurez gré, ou plutôt dont
vous l'avez déjà récompensé par la bonne lettre
que vous m'avez écrite), d'Eichthal vous donne un
résumé fidèle de notre vie intérieure ; elle a été et
elle est encore difficile, car elle est très-progres-
sive, je vous jure, et il n'est jamais facile de marcher très-vite. Notre retraite portera ses fruits hors
de nous, car nous avons enterré à Ménilmontant,
avec notre habit bourgeois, le paquet de bourgeoisie
que chacun de nous y avait apporté de la rue Monsigny, où nous en étions assez fortement chargés.
Peut-être sommes-nous encore un peu trop Français,
ce qui, pour des apôtres, est encore très-bourgeois ;
mais pour cela il faudra que les mages viennent

nous visiter ou que nous allions visiter les mages.
Le temps n'est pas venu, nous avons besoin de voir
encore un acte du drame français.

» Broët a dû vous dire déjà, mon cher Laurent,
le plaisir que m'a fait votre lettre qui n'était pas
pourtant une surprise pour moi. J'ai trop vu vos
yeux et vous avez trop bien vu les miens, quand
j'écoutais vos prédications, ou quand vous me par-
liez de vos souffrances, pour que, malgré l'opinion
des Delapalme et des Naudin sur le *regard*, je n'en
aie pas conclu que le lien qui nous unit est durable
comme notre foi dans l'avenir de bonheur pour le
peuple et pour la *femme*, c'est pour eux que vous
m'aimez et que je vous aime, parce que leur destinée est incarnée en nous.—Je suis heureux de l'affection de ceux qui m'entourent, qui parlent ma
langue et vivent de ma vie, mais vous êtes trop fin
dans l'étude du cœur, vieil ami, pour ne pas sentir combien la parole de tendresse de celui qui me
dit ne pas parler ma langue, ne pas vivre de ma
vie, et qui pourtant me prouve qu'il m'aime, doit
me faire de bien; il me semble entendre la voix
d'un monde qui n'est pas encore mais qui naîtra,
d'un monde, touché de respect pour notre œuvre et
d'amour pour nous, pratiquant toutefois une autre
vie que la nôtre, mais gémissant de ce que tous ne

sont pas prêts encore à parler notre langue, et se condamnant, pour la même foi que nous, à pousser l'humanité, en lui criant, le patois qu'elle bavarde encore. Vous avez bien raison, vous êtes le représentant de ce peuple palingénésique, dont les misères présentes vous inspirent, de ce peuple qui pleure parce qu'il a faim, qui menace parce qu'il a faim, et qu'on tue parce qu'il a faim, mais pour Dieu, mon cher Laurent, songez à moi lorsque vous vous identifiez si puissamment avec celui dont vous représentez la douleur; songez qu'il y a un homme, qu'il y a des hommes qui sentent toutes ces douleurs du peuple, et qui pourtant sont assez calmes pour appeler de toutes les forces que Dieu leur à données le vrai *sauveur* du peuple, la *femme*; pour l'appeler, tandis que vous-même n'invoquez point ou ignorez le sauveur du peuple, la *femme*. Parlez, tonnez, menacez même de ses foudres ceux qui n'aiment pas votre sublime client, mais qu'un rayon de foi serve d'éclair à cette tempête de votre âme, et vous serez plus grand que les tribuns, vous ne les copierez pas.

» Frère, Père, ami, qui que vous soyez, je vous embrasse, me dites-vous; JE SUIS TOUT CELA POUR VOUS. » P. ENFANTIN. »

Les préoccupations apostoliques n'absorbaient

pas, à Ménilmontant, l'attention et la sollicitude actives du chef suprême; il donnait ses soins aussi aux questions dogmatiques dont l'étude et l'élaboration étaient spécialement confiées à Lambert. Une lettre de ce dernier, écrite en septembre, constate que cette œuvre capitale n'était pas négligée :

« PÈRE, disait Lambert, le travail que vous m'avez confié s'allonge continuellement sous ma main. J'ai voulu d'abord faire sentir l'importance de la méthode vivante que vous aviez suivie avec nous, pour l'élaboration des bases du grand livre : ce que j'en dis est bon au fond, vous jugerez du reste : puis l'irrégularité même de cette méthode, la confusion de mes souvenirs et la nécessité de ne pas laisser échapper un mot hétérodoxe pour nous et pour le monde m'ont entraîné plus loin que je ne voulais.

» Voilà une trentaine de pages sillonnées par une plume qui, vous le savez, doit être étonnée de s'être tant remuée ; et j'ai fait, en tout, une exposition plus ou moins claire de géométrie, d'algèbre, des systèmes de coordonnées. C'est sans doute mauvais pour notre œuvre actuelle, et cependant il y a quelques vues passables.

» En attendant vos ordres, je continue. Si vous devez brûler mes traités, et retirer de leurs cen-

dres quelque chose de bon pour le monde ; si vous
les réduisez, dans une rédaction paternelle, à ce
qu'ils contiennent de vraiment opportun, je ne serai pas encore écrivain, mais je serai fils respectueux, et fier d'avoir donné matière à une œuvre
de vous.

» Père, bénédiction sur votre fils.

» Ma mère va aussi bien que je pouvais l'espérer, et de toute manière. Ma sœur est toujours
bonne et attentive près d'elle, et surtout dévouée.
Quant à moi, Père, j'éprouve quelquefois un malaise indéfinissable ; il est vrai que, quatre jours loin
de vous et de mes frères, c'est bien long. Vous
m'avez enlevé d'une chaudière bouillante, pour me
donner mission de répandre, en tous lieux et en
tous temps, une vie nouvelle sur le monde. — Ma
vie est plus que jamais à vous. — LAMBERT. »

Les entretiens scientifiques du chef suprême avec
Michel Chevalier et Léon Simon continuaient aussi.
D'Eichthal, de son côté, s'occupait d'un travail sur
le dogme dont nous aurons à parler plus tard.
Mais tout en s'appliquant à établir ce qu'avait pré-
dit De Maistre, la réconciliation de la science avec
la foi, c'était surtout par la manifestation de la viva-
cité, de la sincérité, de la sublimité de sa croyance
en Dieu et de son dévouement à l'humanité, qu'En-

fantin voulait justifier le droit qu'il revendiquait, et que ses juges avaient été loin de lui reconnaître, le droit de se dire *le plus religieux des hommes*. Il souffrait en songeant que, si des transfuges des peuplades sauvages, disséminées encore aujourd'hui dans les déserts des deux mondes, venaient se réfugier au milieu de nous avec leurs fétiches, ils pourraient invoquer efficacement, à la faveur de nos lois hospitalières, la liberté religieuse pour leur culte primitif, pour l'adoration de leurs idoles, en faisant valoir pour elles leur possession *d'état* dans le panthéon universel, et leurs droits anciennement *acquis*, tandis que le caractère vraiment religieux était dénié, et la liberté des cultes interdite, aux Français qui ne voulaient reconnaître pour Dieu que l'INFINI, et qui n'adressaient leurs hommages et leurs prières qu'à CELUI en qui, selon l'expression de saint Paul, nous avons *la vie, le mouvement* et *l'être*.

Cette triste réflexion, dans Enfantin, devait donner à l'expression de sa pensée religieuse une teinte de mélancolie qui devint chaque jour plus vive et plus accentuée à mesure que la FEMME MESSIE, dont il s'était déclaré *le précurseur* [1], à la

1. « Nous espérons tous, avait dit Enfantin, la venue d'une

cour d'assises, sembla tarder trop de répondre à l'appel du libérateur, réduit, par ce silence, à se maintenir dans la réserve qu'il s'était engagé à garder, aussi longtemps que l'individu social ne serait pas complétement représenté dans la constitution du suprême sacerdoce.

Tant que la RÉVÉLATRICE, en effet, n'apparaissait pas, il y avait, dans la suprématie apostolique, une lacune qui nécessitait l'ajournement plus ou moins long de questions fort graves; de celle par exemple, qui avait été soulevée, sous BAZARD-ENFANTIN, par *Laurent*, sur les moyens d'harmoniser la pratique respective de l'autorité [1] et de la liberté. Et, d'autre part, le dogme moral et

femme, MESSIE de son sexe, qui doit sauver le monde de la *prostitution*, comme Jésus le délivra de l'*esclavage*.

» De cette femme MESSIE, je sens que je suis le PRÉCURSEUR; pour elle je suis ce que SAINT JEAN fut pour JÉSUS; LA EST TOUTE MA VIE, LA EST LE LIEN DE TOUS MES ACTES, et ils sont logiquement enchaînés, car ils découlent tous de ma foi dans les femmes. »

Cette déclaration était en effet absolument conforme à la position qu'Enfantin avait prise et soigneusement gardée sur la question des femmes. C'était à la FEMME MESSIE qu'il avait toujours réservé le droit de RÉVÉLATION sur l'avenir des femmes; il n'avait voulu, lui, que marquer les termes entre lesquels il prévoyait que la parole souveraine de la femme pourrait découvrir et fixer la vérité.

1. D'après la dernière lettre que nous avons citée de d'Eichthal à Laurent, l'expérience avait démontré à Ménilmontant que le régime autocratique, quoique très paternel, mais purement

politique pouvait-il être complété par la constitution de l'individu social, sans que le dogme religieux le fût lui-même par la consécration solennelle du couple divin, dont Enfantin avait reconnu l'existence, en 1829, dans sa correspondance intime avec Buchez, Eugène Rodrigues et Duveyrier? et l'égalité de l'*époux* et de l'*épouse* dans l'*humanité*, pouvait-elle être proclamée religieusement et logiquement, si elle n'était pas la conséquence naturelle, la déduction impérieuse de l'égalité du PÈRE et de la MÈRE, dans la [divinité dogmatiquement définie?

C'était dans le sens de la nécessité de cette reconnaissance que d'Eichthal avait rédigé sa note, mentionnée plus haut, et Enfantin pensait toujours à coup sûr et plus que jamais comme en 1829, sur ce point capital. Toutefois, il ne croyait pas sans doute que le moment fût venu de proclamer solennellement cette partie essentielle du dogme, puisque, dans son impatient et légitime désir d'abréger les embarras et les tourments que lui causait l'absence prolongée de la *femme-messie*, c'est à

mâle, devait conduire à la nécessité d'une transformation administrative, à une petite réaction dans le sens de la souveraineté populaire, et rendant aux inférieurs leur intervention dans le choix des supérieurs. Nous reviendrons bientôt sur cette question à propos de la dispersion de l'apostolat régulier.

Dieu le Père qu'il s'adresse *uniquement* pour les faire cesser, c'est LUI SEUL qu'il invoque, dans l'admirable prière qu'il écrivit peu de jours après sa condamnation, et que nous reproduisons avec le titre qu'il lui donna :

L'ATTENTE.

« Grand Dieu ! j'ai fait ta volonté, j'attends ta nouvelle parole... J'attends... Tu sais ce que l'attente est pour moi, Grand Dieu ! tu m'avais fait impatient de tes joies et de ta gloire; au milieu d'un monde glacé d'athéisme, tu avais dirigé sur moi tous les rayons de ton amour, mon âme a brûlé, mais elle n'est pas éteinte, et j'attends !

» Mon âme a brûlé, illuminant de ton saint nom le monde incrédule, pour le faire répéter par les hommes, et purifier ainsi leurs bouches qui blasphèment, tu as voulu que je livrasse le mien à leurs injures, je l'ai fait, mais un homme en gémit loin de moi; cet homme, c'est celui qui m'a donné mon nom, c'est mon père; console-le, mon Dieu !

» J'ai fait ta volonté, j'ai obéi, tu es content de moi, je le sens : je le sens dans la foi des enfants qui m'entourent, et dans la haine même des hommes qui me repoussent, mais ton verbe d'amour ne me le dit pas encore; j'attends et prête l'oreille; j'at-

tends, et la douce voix que tu m'as promise se tait !
Que ce silence est lourd à mon âme ! et pourtant je
te rends grâces, ô mon Dieu ! J'avais besoin de te
sentir muet en MOI pour avoir foi en ELLE autant
qu'en moi-même ; j'avais besoin de te chercher...
Car tu t'étais donné à moi dans la plénitude de ta
grâce, pour faire, par ton fils, un signe d'appel à
ta fille.

» A ta fille !

» Père, j'ai parlé, elle ne vient pas encore, mais
elle m'a entendu , n'est-ce pas ? J'ai parlé de toutes les puissances de ma vie, je n'ai rien négligé
des dons que tu m'avais faits, je les ai tous consacrés à ton œuvre, il n'est pas jusqu'à l'a-
mour de ma mère que je ne t'aie donné : Père, tu
me le rendras !

» Attendre ! attendre ! que fait-elle à cette
heure ? Depuis si longtemps je l'aime ! dis-moi,
mon Dieu, dis-moi si déjà elle m'aime aussi ; dis-
le moi, j'aurai la force d'attendre, dis-moi surtout si elle veut encore quelque chose de moi, tu le
sais, je suis prêt, ordonne.

» Et ces enfants que ta bonté m'a donnés, Père !
c'est pour eux surtout que je te prie, car tu t'es
révélé à moi si puissant et si beau, que ta force est
entrée en celui que tu voulais charger d'un monde ;

mais ces enfants, tu leur as appris à me nommer Père, c'est donc à moi de t'implorer pour eux.

» Ils souffrent, ô mon Dieu ! ils souffrent, car parmi les hommes tu les as choisis hommes de désir et d'amour; ils souffrent, car les apôtres de l'affranchissement de tes filles, ne peuvent vivre longtemps privés de la moitié de leur vie ; ils souffrent et pourtant vois-les, leur patience attend que je te prie, et que tu m'exauces.

» Père, que sera donc leur amour pour toi, lorsque ta voix de douceur viendra se marier à la leur pour te rendre grâces ! écoute-les comme ils te bénissent ! et moi, ô mon Père, combien ils m'aimeront le jour où tu me répondras ! Oh ! pour eux, et pour moi, et pour tous, ne me fais pas longtemps attendre leur mère.

» N'ai-je donc point fait encore assez pour nous faire aimer d'ELLE? Peut-elle encore douter de notre amour pour le peuple et pour ELLE? Oh ! oui, je le sens, mon Dieu, tu as donné à ma parole toute la force que ton VERBE pouvait avoir dans l'homme; mais tu n'es pas seulement un *verbe*.

» Mondes! mondes! vous vivez de la vie de mon Dieu! Terre, que tu es belle! c'est toi qui dois m'entendre et me voir, je n'ai parlé et je ne me suis montré qu'à des hommes!

» Dieu puissant! Dieu fort! Dieu d'énergie et
de courage, la terre, la terre aussi, parle ton
verbe, et je l'entends qui me crie :

» Où sont tes preuves de courage et de force?
» Je ne te connais point.

» Homme, sais-tu comment les hommes déchi-
» rent mes flancs, et m'arrosent de leurs sueurs pour
» que je les engendre et les nourrisse? Es-tu pro-
» létaire ?

» Homme, sais-tu de quel manteau de pierre je
» couvre les hommes qui cherchent l'or dans mes
» entrailles! As-tu brisé mon corps?

» Homme, sais-tu comment les hommes me pa-
» rent et m'embellissent de villes, de forêts, de
» moissons ? As-tu bâti, planté, semé?

» Homme, sais-tu t'emparer de la force qui remplit
» l'espace, la diriger, et me la rendre augmentée
» de la tienne, afin de nourrir ma vie, et de me
» rendre plus puissante, et plus riche ?

» Es-tu peuple, te dis-je? — Non? — Eh bien,
» je ne te connais pas. »

» Dieu puissant, Dieu fort, Dieu d'énergie et de
courage, elle me connaîtra. Tu n'as pas voulu fati-
guer mon corps, dès mon enfance, par de rudes
travaux, tu ne m'as pas fait prolétaire, mais tu m'as
fait homme, tu m'as donné ta vie de force et de

courage, car j'ai ton amour ; elle me connaîtra.

» Oh ! oui, mon Père, je n'ai point fait assez encore pour la gloire de ton grand nom, et pour le faire répéter à la terre. Je ne mérite pas que tu m'envoies l'ange de gloire et d'enthousiasme, que tu m'as promis d'attacher à ma vie d'homme ; ta fille ne me connaît pas.

» Je ne te la demande plus, elle ne me connaît pas ! Je puis passer auprès d'elle sans que son regard s'arrête sur moi ; on peut me nommer devant elle, et son cœur ne battra pas plus vite, ses pensers d'avenir ne seront pas troublés ; elle ne me connaît pas.

» Dieu puissant, Dieu fort, tu as mis tes fils privilégiés, ceux auxquels tu confiais pour des siècles la destinée du monde à de rudes épreuves ; Moïse au désert, Jésus sur une croix, Mahomet au milieu des combats, et Saint-Simon dans la misère.

» Et ceux même auxquels tu donnais passagèrement ta puissance, pour démolir en quelques jours le travail de plusieurs siècles, comme Robespierre, tu les jetais sur un échafaud, déjà mutilés par eux-mêmes, ou comme Napoléon tu les condamnais à une chaîne honteuse, à une mort solitaire.

» Mais, ô mon Dieu, aucun de ces hommes n'a prétendu sauver la femme de son esclavage, et s'unir à elle par le libre lien de ton divin amour ; aucun d'eux n'a vraiment été aimé d'elle, aucun d'eux surtout ne l'a aimée comme je l'aime, aucun d'eux n'a confessé ton nom dans la *passion* qui me fait vivre.

» Tu leur avais donné des ennemis à combattre, je n'en ai point ; des profanes à réprouver, je ne réprouve pas ; tu ne leur avais pas montré ta face de douceur et de grâce, et ne m'as-tu pas promis, à moi, de me la faire connaître, ne m'as-tu pas à l'avance inondé des pacifiques parfums qu'elle exhale ?

» Terre ! je ne suis pas peuple, je ne t'ai point arrosée de mes sueurs ; mais, ô mon Dieu, tu ne veux pas, pour la sanctifier, tu ne veux pas que je la baigne de mon sang, ou de celui des infidèles ; ton fils ne sera point un sacrificateur ni une victime, il est homme.

» Je suis homme de travail, de paix et d'amour, et je donnerai ma vie à la terre, comme je l'offre à celle que j'appelle et que j'aime, pour son amour, et non pour sa haine ; à ce genre de combats je veux lutter avec tous.

» N'est-ce donc point assez, mon Dieu, mon Père, d'avoir cent fois laissé briser, broyer, mon cœur, par des enfants que j'aime et qui se détachaient de moi parce que je ne voulais point faillir à ton œuvre?

» N'est-ce donc point assez de porter sur ma tête depuis déjà tant d'années, ô mon père, le poids de la responsabilité de toutes ces vies dont je te dois compte, et que tu éprouves sans cesse au feu des passions, et à la gloire de la misère?

» Charge, charge encore mes épaules si tu le veux, Dieu de patience et de constance; charge, je suis prêt, ce poids est lourd, mais je ne plierai point et les cris de ma fatigue seront encore des bénédictions pour toi et un appel pour ta fille; ils retentiront au loin par le monde.

» Dieu de bonté et de vérité, toi qui m'as choisi pour faire disparaître du milieu de tes fils et de tes filles la prostitution et l'adultère, n'ai-je donc pas assez prouvé que tu m'avais donné la force qui triomphe de la passion égoïste des maîtres, et la franchise qui déjoue les ruses ambitieuses des esclaves?

» J'ai vu des larmes véritables, des larmes brûlantes rouler, à ma parole, dans des yeux d'hommes qui n'avaient jamais pleuré, parce que je commandais en ton nom de briser les chaînes de la femme; et j'ai vu des yeux de femmes se sécher, et ne plus pouvoir pleurer, parce que je détachais les fers auxquels elles s'étaient habituées.

» J'ai vu toutes ces douleurs, ô mon Dieu, et tu sais celles qui, en ce moment, s'emparaient de mon âme, tu sais combien j'hésitais, craintif, pleurant seul sur moi-même, sur eux et sur tous, pleurant seul, seul, car tu n'avais pas mis auprès de moi ta fille.

» J'ai vu toutes ces douleurs, ô mon Dieu, et mes craintes, et mon hésitation m'étaient imputées à crime, et l'on m'accusait de feindre, de tromper parce que tu ne voulais pas que ma main déchirât brutalement ces voiles d'illusions et d'hypocrisie, parce que tu ne voulais pas que la lumière de ta vérité les consumât.

» J'ai vu toutes ces douleurs d'hommes et de femmes, et je t'ai béni le jour où tu m'as imposé la loi sévère du célibat, parce que tu retirais ainsi de mes mains le flambeau de justice dont tu m'avais ordonné d'éclairer la face de ces hommes et de ces femmes.

» Père, je t'ai béni dans cette solitude, mais j'ai soif à mon tour de sa bénédiction, pourtant je suis calme, j'attends, ma main impatiente ne renversera point en cherchant à la ravir la coupe de ta promesse; je sais que tu la remplis d'un breuvage d'amour, j'attendrai, mais j'ai bien soif.

» Et comment ne serais-je pas altéré des eaux de ta grâce, ô mon Dieu, moi qui ai tant besoin de boire la tendresse, et qui suis abreuvé d'injures et de calomnies? Leur justice me condamne, leurs prisons m'attendent, et leurs spectacles et leurs journaux qui m'insultent et me jettent au peuple honteusement défiguré!

» O Père, je ne me plains pas, tu m'as donné des fils! Dans ta bonté tu m'as fait plus heureux que Jésus; ils sont mes enfants et non mes disciples, je ne te dirai donc pas : mon Père, pourquoi m'avez-vous abandonné? ils m'aiment, j'attendrai.

» Je suis plus heureux que Saint-Simon, tu l'avais livré à la solitude pour lui en montrer le néant, et notre maître a désespéré; mais moi, mon Père, comment pourrais-je désespérer? Tu m'as tiré de la solitude et tu m'as donné des enfants; oh! je suis bien de toi, je suis bien à toi, ta vie est en moi, ils m'aiment!

» J'ai foi, Père, j'attendrai. »

XXV

(1832)

(Octobre - Novembre - Décembre.)

A côté des méditations religieuses d'Enfantin et des travaux scientifiques qu'il inspirait autour de lui, la poésie et la prophétie ne restaient pas inactives. Duveyrier, qui s'était appelé lui-même *le poëte de Dieu*, était là toujours prêt à donner une expression, une forme nouvelle aux pensées d'avenir dont il se nourrissait sous l'aile du chef suprême. Le plan d'un *nouveau Paris* fut imaginé et tracé par lui, puis adressé à l'éditeur du livre des *Cent-et-un*, en ces termes :

Ménilmontant, 6 octobre 1832.

« Voici un chapitre, mon cher Ladvocat, qui doit avoir pour titre : *la Ville nouvelle.*

» A vrai dire, je ne sais trop si l'étrangeté des idées et du style ne vous éloigneront pas d'insérer ce morceau dans votre estimable et respectable livre des *Cent-et-un*. Quand je pèse à leur poids toutes les célébrités dont les noms se pressent sur les couvertures de votre recueil, je ne puis me faire illusion sur le peu d'intérêt que pourrait exciter un nom nouveau, un nom d'*apôtre*, genre de noblesse qui n'a pas encore eu d'armoiries au blason littéraire. Un jeune fou, dira votre beau monde, qui vit scrupuleusement célibataire et attend une FEMME MESSIE, cela annonce trop de simplicité pour rien promettre de bien piquant. D'ailleurs que signifie de courir les rues en un costume qui vous entoure d'ivrognes, et fait jaser jusqu'aux femmes de la Halle et aux demoiselles de comptoir ? Cela sent son mauvais monde, et M. Delapalme l'a judicieusement observé : *Dans quelle société ces messieurs ont-ils donc vécu ?*

» D'ailleurs je dois craindre que le morceau en question, privé de cartes, de plans et de gravures, ne soit difficile à comprendre.

» Nous vivons dans une confusion de maisons, de temples et d'édifices de tout genre, qui peut donner une idée des saturnales des anciens, ou du chaos primitif du monde : mélange effronté et criard de toutes les antipathies, pêle-mêle d'orgies, vraie danse de sabbat. La jeunesse du Champ-de-Mars a pour vis-à-vis l'abattoir sanglant de Grenelle ; les Invalides donnent une main aux Députés et l'autre aux blanchisseuses du Gros-Caillou. Ici sautent les Enfants trouvés et leurs nourrices, côte à côte avec les astronomes de l'Observatoire, les femmes en couches et les vénériens. Là, c'est une grande ronde des bambins des colléges, des pairs de France, des forts de la Halle-au-Vin, des vieillards de la Salpêtrière ; tout cela tourne autour des savants du Quartier Latin et des animaux hurlant du Jardin des Plantes. L'Académie reste avec la Monnaie ; l'Hôtel-Dieu avec les chanoines métropolitains ; l'hôpital Saint-Louis soupire et

pleure aux cris de joie et aux jurements des guin-
guettes ; le Palais-Royal avec ses joueurs et ses
prostituées, couché sur le même lit que le palais du
roi, et au milieu de cette grande danse satanique,
les hommes et les femmes pêle-mêle, serrés comme
des fourmis, les pieds dans la boue, respirant un
air empesté, marchant à travers tous les embarras
de leurs rues et de leurs places, enfoncés dans des
rangées de hautes maisons noires ou blafardes,
sans espoir ni souci de quelque chose de mieux.

» Comment donc faire sentir au peuple qui habite
cette ville ainsi confusionnée, ce que nous pressen-
tons de l'avenir de Paris, comme ordre, comme
convenance et comme beauté? Comment le faire
sans autre instrument que la parole nue? J'ai grand
peur que le morceau en question soit insuffisant.

» L'idée de NOTRE PÈRE est que toute ville, et
surtout toute ville capitale, doit présenter dans sa
construction, dans l'ordre et la diversité de ses
monuments, l'image des mœurs, des habitudes et
de la civilisation du peuple qui l'habite.

» Nous avons voulu donner la forme humaine à
la première ville, comme sous l'inspiration de notre
foi, en l'état de progrès où elle est aujourd'hui ; et
la forme humaine mâle, car la société n'a encore
qu'une forme mâle. La femme, comme être social,

n'est pas encore sortie des côtes de l'homme, malgré la parole de l'Écriture. Considérez toutes les institutions sociales, l'Académie, la Banque, l'Université, les deux Chambres, le Conseil d'État, les administrations, la magistrature, le barreau et toutes les facultés, vous n'y verrez que des chapeaux ronds et des fracs, ou des bonnets carrés et des robes noires, et l'opinion publique est solidement enfoncée dans l'admiration d'un pareil système; il n'est si mince garçon de boutique qui ne lève insolemment la tête à l'idée qu'il en puisse être différémment, et ne récapitule, dans son orgueil d'homme, toutes raisons qui font infailliblement de la femme un être débile, borné, faible; lierre qui tomberait sur le sol sans le chêne; lune qui doit tourner en satellite autour de la terre. La société est mâle; elle met ses enfants en coupe réglée par la conscription; elle leur impose une justice qui ne sait que punir; elle réclame ses améliorations à coups de fusil, elle les repousse à coups de canon. La société est mâle.

» Mais elle peut désirer de ne pas l'être exclusivement, elle le doit même. Ne serait-ce pas une chose heureuse que tout ce qu'il y a de délicat, de tendre, de bon dans le cœur des femmes, se fît jour à travers les inextricables embarras de la politique

et du gouvernement, et que des mains blanches et
de jolis doigts s'essayassent à dénouer ce que tant
de grands sabres n'ont pu trancher?.

» C'est là l'espoir des saint-simoniens, c'est là
toute leur religion ; car, ainsi que l'a dit le Père
lui-même, il est l'annonciateur, le *saint Jean* d'un
nouveau Messie, d'un Messie femme.

» On comprendra comment nous avons dû donner
au temple, un monument où la religion doit le plus
exalter les espérances humaines, les formes de la
femme.

» Je terminerai cette lettre, déjà un peu longue,
en vous priant d'employer toute votre influence
auprès de vos lecteurs pour ranimer en eux cette
vertu de courage et d'espoir, si rare aujourd'hui,
ne fût-ce que pour un peu de temps, le temps de
lire ces quelques pages, car, au cas où elles seraient intelligibles, elles pourraient bien apparaître
comme un rêve, une hallucination fantasque, si
votre beau monde persistait obstinément dans cette
disposition crédule, dans cette foi poussée souvent
jusqu'à la superstition, et qui consiste à considérer comme d'une réalisation impossible toutes les
pensées grandes, généreuses, excellentes pour
l'amélioration du sort du peuple.

» Vraiment, n'est-ce pas une chose connue de

tous aujourd'hui, que nos pères ont par leur travail fait le globe ce que nous le voyons être, en dépit des obstacles qui les entouraient, et dont ils nous ont délivrés ? Avec tout ce qu'ils ont mis de puissance dans nos mains, ne serait-ce pas une lâcheté à nous de rester en si belle route, et de nous coucher tout du long sur le sol, jeunes comme nous sommes, en disant avant le travail, je n'en puis plus.

» Quoi ! rien à faire au début de la vie ? Hommes ! femmes ! rien de noble, de bon, de joyeux, de retentissant, rien à faire ! « Allez, allez, vous crie celui qui fait mouvoir les nations et les mondes, et qui parle toutes langues à travers tous les siècles ; allez, ma voix n'est pas éteinte, mon sceptre n'est pas brisé, et les battements de mon cœur ne sont pas refroidis. Je suis toujours pour vous, toujours avec vous. C'est moi, l'Éternel ouvrier, partout c'est moi ! Quand on dit NOUS parmi *vous*, *moi*, je dis MOI ! Marchez avec moi, car avec moi rien d'impossible !

» J'ai fait éclater de merveilleux spectacles !

» J'ai brisé de mon souffle les tempêtes qui rasaient le sol comme des lunes de malheur ! J'ai pressé les mamelles des montagnes, et j'en ai fait sortir leur lait de feu !

» J'ai souri en voyant les abîmes, comme des mâchoires de serpent, darder leurs flots dans l'espace, et j'ai fait glisser sur ces flots des villes armées, aussi sûrement que sur la glace un patineur.

» Aux entrailles de la terre ferme, j'ai fait plonger l'homme comme un plongeur, et je l'ai fait voler, vrai vautour, au haut des nuées.

» J'ai bâti des palais et des temples, des cités capitales par milliers, des ponts plus longs que les chaussées, et de grands animaux de fonte, aux muscles d'acier, à l'âme de vapeur, qui marchent seuls. J'ai rassemblé des armées innombrables de tribus et de hordes qui ne s'entendaient pas. J'ai mis la sagesse du monde en un seul homme, et j'ai donné plus de vigueur à la voix basse de ses apôtres disséminés, qu'aux rhéteurs, aux soldats, aux marchands, masse compacte qui parlait haut.

» Courage, enfants! espoir en moi! j'ai fait de grandes choses!

» Quand les sauvages, que poussait Attila comme des buffles, prirent racine en terre devant la face d'un pontife, ce fut une grande chose.

» Quand Christophe, mon capitaine de mer, sous un soleil d'or, salua les bords empourprés de mon nouveau monde, ce fut une grande chose!

» Quand Napoléon, à pas de géant, courut l'Europe avec ses canons, passant les fleuves comme des ruisseaux, ce fut une grande chose !

» Mais, par ma foi, rien de si grand n'a paru sur la terre, que ce que j'y veux montrer en ce jour ! »

LA VILLE NOUVELLE

ou

LE PARIS DES SAINT-SIMONIENS

« Le Dieu bon a dit par la bouche de l'homme qu'il envoie :

» J'établirai au milieu de mon peuple de prédilection une image de la nouvelle création que je veux tirer du cœur de l'homme et des entrailles du monde.

» Je bâtirai une ville qui soit un témoignage de ma munificence. Les étrangers viendront de loin au bruit de son apparition. Les habitants des villes et des campagnes y accourront en foule, et ils me croiront quand ils l'auront vue.

» Paris ? ville qui bout tumultueusement, ainsi qu'une chaudière de cendres ; ville semblable à ton peuple, comme lui, pâle et défigurée ! Tu gis sur les bords de ton fleuve, avec tes noirs monuments et tes milliers de maisons ternes, comme un amas de roches et de pierres que le temps rassemble au bassin des vallées, il en sort comme un grondement monotone d'une eau comprimée sous ces pierres, ou d'un feu caché qui va les crever.

» Paris! Paris! c'est sur les bords de ton fleuve cependant, et dans ton enceinte que j'imprimerai le cachet de mes nouvelles largesses, et que je scellerai le premier anneau des fiançailles de l'homme et du monde !

» Tes rois et tes peuples ont obéi à mon éternelle volonté, quoiqu'ils l'ignorassent, lorsqu'ils se sont acheminés avec leurs palais et leurs maisons du sud au nord, vers la mer, la mer qui te sépare du grand bazar du monde, de la terre des Anglais.

» Ils ont marché avec la lenteur des siècles, et ils se sont arrêtés en une place magnifique.

» C'est là que reposera la tête de ma ville d'apostolat, de ma ville d'espoir et de désir, que je coucherai ainsi qu'un homme au bord de ton fleuve.

» Les palais de tes rois seront son front, et leurs parterres fleuris son visage. Je conserverai sa barbe de hauts marronniers et la grille dorée qui l'environne comme un collier. Du sommet de cette tête, je balaierai le vieux temple chrétien, usé et troué, et son cloître de maisons en guenilles ; et sur cette place nette, je dresserai une chevelure d'arbres, qui retombera en tresses d'allées sur les deux faces des longues galeries, et je chargerai cette verte chevelure d'un bandeau sacré de palais blancs, retraite d'honneur et d'éclat, pour les invalides des établis et des chantiers.

» Des terrasses qui saillent sur la grande place, comme les muscles d'un cou vigoureux et d'une gorge forte, je ferai sortir les chants et les harmonies du colosse. Des troupes de musiciens et des chanteurs feront retentir chaque soir la sérénade en une seule voix.

» Je comblerai les fossés de cette place, et j'en ferai une large poitrine qui s'étalera, bombée et découverte, et qui se gonflera d'orgueil, lorsqu'aux jours des carrousels pacifiques, elle sentira briller à sa surface, comme des joyaux de toutes couleurs, les femmes plus belles et plus parées que les dames des cours d'amour et des tournois, les hommes plus brillants et plus forts que les chevaliers aux armes dorées et les vieux grenadiers de Napoléon.

» Au-dessus de la poitrine de ma ville, au foyer sympathique d'où divergent et où convergent toutes les passions, là où les douleurs et les joies vibrent, je bâtirai mon temple, foyer de vie, plexus solaire du colosse.

» Les buttes du Roule et de Chaillot seront ses
flancs. J'y placerai la Banque et l'Université, les
halles et les imprimeries.

» Autour de l'Arc-de-l'Étoile, depuis la plaine
de Monceaux jusqu'au parc de la Muette, je sème-
rai en demi-cercle les édifices consacrés au plaisir,
des bals, des spectacles et des concerts; les cafés, les restaurants avec leurs labyrinthes, leurs
kiosques et leurs tapis de gazon aux franges
de fleurs.

» J'étendrai le bras gauche du colosse sur la rive
de la Seine, il sera plié en arc à l'opposé du coude
de Passy. Le corps des ingénieurs et des grands
ateliers des découvertes en composeront la partie
supérieure qui s'étendra vers Vaugirard, et je formerai l'avant-bras de la réunion de toutes les écoles
spéciales des sciences physiques et de l'application
des siences aux travaux industriels. Dans l'intervalle qui embrassera le Gros-Caillou, le Champ-
de-Mars et Grenelle, je grouperai tous les lycées
que ma ville pressera sur sa mamelle gauche où
gît l'Université. Ce sera comme une corbeille de
fleurs et de fruits, aux formes suaves, aux couleurs
tendres; de larges pelouses, comme des feuilles, les
sépareront et fourmilleront de troupes d'enfants
comme de grappes d'abeilles.

» J'étendrai le bras droit du colosse, en signe de force, jusqu'à la gare Saint-Ouen, et je ferai de sa large main un vaste entrepôt où la rivière versera la nourriture qui désaltérera sa soif et rassasiera sa faim. Je remplirai ce bras des ateliers de menue industrie, des passages, des galeries, des bazars, qui perfectionnent et étalent aux yeux éblouis les merveilles du travail humain. Je consacrerai la Madeleine à la gloire industrielle et j'en ferai une épaulette d'honneur sur l'épaule droite de mon colosse. Je formerai la cuisse et la jambe droite de tous les établissements de grosse fabrique; le pied droit posera à Neuilly. La cuisse gauche offrira aux étrangers de longues files d'hôtels. La jambe gauche portera jusqu'au milieu du bois de Boulogne les édifices consacrés aux vieillards et aux infirmes, plus frais et plus luisants avec leurs parterres et leurs ruisseaux que les palais des lords et des princes.

» Ma ville est dans l'attitude d'un homme prêt à marcher, ses pieds sont d'airain; ils s'appuient sur une double route de pierre et de fer. Ici se fabriquent et se perfectionnent les chariots de roulage et les appareils de communication : ici les chars luttent de vitesse. Par-dessus ces routes, le pont de Neuilly prolonge un arceau vers la face de ma ville et forme ainsi sa capitale entrée.

» Entre les genoux est un manège en ellipse, entre les jambes un immense hippodrome.

» Voilà le colosse dont mon doigt creusera le tracé sur le sol.

» Les membres qui le composeront, divisés et mêlés, sont une masse monstrueuse, informe, inanimée, morte. Ils sont comme étaient les chairs, les os, les nerfs, la cervelle et les entrailles de l'homme avant que d'une secousse de ma volonté je fisse se dresser cette masse inconcevable et effrayante en un être harmonieux et vivant ; avant que les os s'emboîtassent les uns dans les autres ; que les nerfs, les veines, les chairs, s'appliquassent sur les os ; que la cervelle versât dans le crâne sa membrane fragile ; que la tête prît place sur les épaules, le cœur, le foie sous les côtés, les entrailles aux cavités du bassin, et que l'homme parût superbe, radieux, merveilleusement ordonné comme un seul édifice.

» Ainsi je ferai sortir de leur chaos hideux les membres et les organes de ma ville. Je les appellerai à grands cris de voix d'hommes et d'instruments de musique ; et tous, doués de mouvements, prendront leur place.

» On verra les manuscrits, les livres, les cartes

et les rouleaux de dessins et d'images de la Biblio-
thèque s'avancer en une armée innombrable vers
la galerie du Louvre, bâtie des mains du dernier
de mes capitaines. Il seront portés sur le dos de
soldats. Des régiments auront été dressés à cette
manœuvre; les officiers les coucheront en ordre
sur leurs rayons et dans leurs cases, et le cerveau
de ma ville se formera. On verra tous les vieillards
illustres de la science et de l'art, dont la vie est
encore un travail, mais un travail d'observation,
d'attention et de jugement, entrer par file au fron-
tal et aux ailes du palais, et ma ville aura des yeux
et des oreilles.

» Je ferai descendre des hauteurs de Sainte-
Geneviève et du faubourg Saint-Germain, tous les
savants emportant leurs chaires, leurs salles et leurs
instruments d'expérimentation, et les animaux,
les plantes et les arbres du Jardin du Roi, et les tré-
sors de sciences naturelles enfouis dans son cabinet. Je ferai descendre les laboratoires, l'Observatoire avec ses machines et ses lunettes, l'école
Polytechnique, l'école des Arts et Métiers et tous
les collèges. Ce sera une longue procession. Je
mettrai au centre l'Université tout entière, et les
Académies, précédées des imprimeries noires et
graisseuses; en tête seront les vieillards, les ma-

ladés et les infirmes; les immenses hôpitaux de la Salpêtrière, de Saint-Louis et de l'Hôtel-Dieu, avec leurs ailes et leurs façades, et leurs lits innombrables, se lèveront du sol et marcheront donnant l'exemple; puis viendra le bataillon des aubergistes, des hôteliers et de leurs serviteurs, qui ont le sentiment de l'ordre et de la continuité du service personnel. Cette caravane sera longue et marchera au pas lent de la science, de la patience et de la vieillesse. Elle coulera silencieusement avec ses habitations, et elle se couchera aux bords du fleuve, depuis le palais Bourbon jusqu'à Passy et de Passy à Vaugirard, depuis le milieu des Champs-Élysées, par Chaillot, l'Arc-de-l'Étoile et la Muette, jusqu'au milieu du bois, et formera ainsi les os, les nerfs et les chairs de toute la moitié gauche du corps de mon colosse.

» En même temps tous les entrepôts aux vins, aux blés, les halles, les marchés et les abattoirs, les grosses usines, les fonderies, les ateliers de construction des mécaniques avec leurs rouages, leurs chaudières et leurs cylindres de fonte, leurs enclumes, leurs marteaux, leurs soufflets et leurs laminoirs, les charpentiers et les forgerons en tête, se lèveront. Et aussi se lèveront les établis des travaux qui font plus briller la main de l'homme que la force des machines; les tabletiers, les fabricants de meubles, les tailleurs, les modistes, les chapeliers, les bijoutiers et les horlogers; les magasins et les boutiques des quartiers Saint-Denis, Saint-Antoine et Saint-Martin; l'immense bazar du Palais-Royal et des passages où sont artistement rangés en éventail les riches ciselures d'or et d'argent, les pierreries, les cristaux et les bijoux d'émail, les plumes et les tissus de l'Inde et de l'Afrique, les étoffes lustrées aux figures fraîches et éclatantes, les meubles de bois colorés et odoriférants, les tentures, les candélabres avec leurs globes damasquinés. Toute cette grande armée industrielle, hommes et femmes, avec leurs marchandises, leurs instruments, leurs chantiers et leurs maisons, rangés par troupes, et renfermant au centre la banque et ses administrations, le trésor, le timbre, la monnaie; toute cette armée active, bruyante, animée, marchant d'un pas vif, et fouettant l'air de ses gestes et de ses cris de joie, faisant voler autour d'elle, comme un nuage d'encens, la poussière du sol, s'ébranlera et roulera par-dessus les églises, les quais et les quartiers retardataires, et viendra de la Madeleine à la gare Saint-Ouen, et de l'Élysée Bourbon, par Monceau et les Sablons, jusqu'à Neuilly, former les membres rebondis et fermes de la droite de mon colosse.

» Je déracinerai des bords du boulevard les opéras et tous les théâtres avec leur matériel d’instruments, de costumes et de décors et leurs troupes passionnées, et les salles de danse et de concert, et les jardins aux fruits de neige et de glace, aux liqueurs brillantes comme le métal, et tous les édifices consacrés aux extases de l’esprit et aux délires des sens, ils s’enlèveront ainsi qu’une troupe de danseurs et de danseuses, dont les tressaillements répandront le plaisir jusqu’aux extrémités du corps de mon colosse, et enlacés les uns dans les autres, tournoyants sur eux-mêmes, ils viendront se grouper autour de l’Étoile.

» Ainsi, par ma volonté et par les bras de mes enfants, sera bâtie en un seul édifice ma ville vivante, et pour aucun ma volonté ne fera scandale ou servitude, car de ces hommes et de ces femmes, de ces vieillards et de ces enfants, et de ces édifices, ces magasins, ces chantiers, il n’y aura ni un clou, ni un cheveu qui bouge autrement que de son propre mouvement et par sa libre volonté. Beaucoup n’auront point de cette vie le sentiment de leur destinée, ils resteront dans leur chaos de pavés boueux et de masures tremblantes. La ville ancienne reposera sur les épaules de la nouvelle.

Fardeau léger sur ses larges épaules; fardeau sacré, car le colosse ainsi chargé de son vieux père, pressant son enfant sous son bras, sera comme Énée le symbole de la religion de l'homme qui sort de la guerre et appelle la femme.

» Accourez donc! accourez tous, peuples du Nord et du Midi, Prussiens, Anglais, Russes, Saxons.

» Vous vîntes chez mon peuple bien-aimé vous enivrer de ses raisins et de ses femmes, et nourrir vos chevaux des arbustes de ses jardins, parce que ce peuple, dans sa fureur, s'était hérissé comme un porc-épic, et qu'il courait par vos campagnes emportant du bout de ses pointes les pans de vos places fortes et les quartiers de vos villes, et foulant sous ses pieds vos moissons! Venez tous! accourez à cette heure. Ce peuple est enfin devenu industrieux et magnifique; le premier, au nom de ses frères, il a mis la main dans mon trésor. Venez! Ici, la terre se gonfle du désir de vivre de la vie de l'homme; ici la terre se donne à l'homme, comme une femme à son amant. La ville qu'habite le peuple est vivante, ornée, sonore; elle pense, elle travaille, elle aime, elle rit, elle danse.

» Et les peuples accourront, et ils sauront qu'ils portent en eux-mêmes les formes et le plan de ma

ville ; ils la reconnaîtront, ils descendront comme
en extase devant la face et les membres du géant.

» Ma ville est ample et de haute taille, mais nul
ne craint de s'y perdre. Que vous veniez du Nord
ou du Midi, des bancs de l'Allemagne ou des chantiers de l'Angleterre ; que l'esprit ou la chair soit
votre orgueil, que votre vie soit le mystère ou le
mouvement, vous marcherez d'un pied sûr dans
mon colosse, vers le lieu que votre cœur appelle,
à travers les places ombragées et les canaux remplis
d'une eau limpide, et les fontaines jaillissantes, en-
tourés d'édifices dont les formes expriment le nom ;
vous marcherez !

» Aux lieux qu'habitent les hommes de science,
de contemplation, d'expérience, ceux qui sont l'ordre et la règle de la cité, le silence et le mystère
règnent ; les arbres régulièrement plantés sur les places prolongent au milieu du jour l'ombre et la fraî-
cheur de la nuit. Les monuments s'élèvent en sur-
faces planes, les murs tombent droit, se coupent
en équerre et s'avancent en saillies brisées ; le jour,
bondissant sur ces saillies, ne fait luire sous les
pilastres que les échos de sa lumière. Ce sont des
bandes parallèles, de hauts portiques à plafonds
plats ; ce sont des places anguleuses au fond des-
quelles les monuments semblent descendre d'une

grotte invisible, comme les palais de larmes du creux des montagnes, ou monter au ciel en légers cristaux.

» Les flèches et les clochers abondent, et les gerbes d'arêtes en forme de prismes, et les treillages à losanges déliés, et les ogives sveltes et pointues.

» Les merveilles de ma terre bien-aimée sont rassemblées au jardin d'un palais qui fait voir des animaux géants, sous un portail égyptien couvert de fresques symboliques. Le chimiste est appelé vers le sol par les formes basses de son laboratoire aux pilastres druidiques, au triangle aplati; et des terrasses bordées de festons, chargées de flèches et d'aiguilles, élèvent au-dessus des nuées l'astronome et son télescope.

» La Seine coule en silence et marie la couleur de ses eaux au milieu de ses monuments chargés d'incrustations, de grisailles, de peintures pâles; et ces couleurs et toutes ces formes se trouvent harmonieusement rassemblées dans l'immense université, dont les ailes, les bas côtés et les façades portent la robe violette de l'évêque du Christ, et dont le pâté central se lance jusqu'à une prodigieuse hauteur en une masse triangulaire de clochers blanchis et dentelés qui semblent, quand le

soleil couchant frappe leurs pointes argentées,
former une pyramide de cierges enflammés.

» Aux quartiers qu'habitent les hommes d'action
et de force, là où sont les établissements de grosse
et de menue industrie, là où le cuivre et le fer
sont pétris et moulés comme la pâte; où les troncs
de bois durcis dans les eaux tièdes de la Gambie et
du fleuve des Amazones, sont coupés par tranches,
comme les chairs d'un fruit fondant, et là aussi où
les cristaux et les métaux sont taillés en dentelle et
en pierreries, où le lin et la soie sont tissus plus
finement que la toile d'un insecte, dans toute la
droite de mon colosse, les édifices s'élèvent en
formes arrondies et bossueuses, comme les muscles bombés d'un homme vigoureux.

» Les rues sont sinueuses comme des anneaux
qui s'entrelacent; les murs sont couchés à terre,
fermes et gonflés comme le turban d'un pacha, ou
suspendus en l'air transparents et légers, en des
tresses de roseaux.

» Il s'élève du sol des colonnes et des voûtes qui
sont semblables à des champs de plantes grasses
dont les larges feuilles s'unissent en arceaux massifs, ou à des forêts de minces bambous au sommet
desquels reposent des cloches, comme les fleurs sur
leurs tiges.

» Les places circulaires n'y sont pas plantées de quinconces régulièrement serrés et étouffés ; des bouquets d'arbres s'élèvent çà et là comme les touffes d'herbe dans la campagne, car ici la lumière et le son circulent avec vitesse et dans leur plénitude.

» Du milieu de ces places on voit surgir à l'horizon les coupes paraboliques des fonderies et des forges, les cônes noircis des fours, les cheminées cylindriques, ouvrant leurs gueules pleines de flammes comme des serpents dressés sur leurs queues, les tours en tuyaux pour la fonte du plomb, et les chapeaux de magiciens qui couvrent les leviers, les grandes roues, les chaudières.

» On voit se mouvoir au milieu des airs d'immenses engins qui marquent le temps dans l'espace ; des étincelles jaillissent, et des nuées de vapeur montent dans le ciel qui retentit des coups des marteaux et des haches, du grincement des crics et des scies, des tournoiements des laminoirs, des battements cadencés des pompes à bascules et des chants des travailleurs.

» Les couleurs éclatantes et fières sont partout jetées, depuis le vermillon, symbole de santé, jusqu'au jaune éblouissant des rayons du soleil, symbole de richesse. Des milliers de candélabres, groupés en guirlandes autour des places ou soutenus dans les airs sur des trépieds de cariatides, prolongent dans toute la droiture de ma ville, comme les lustres dans les théâtres, la clarté du jour au milieu de la nuit.

» Sur la mamelle droite de mon colosse s'étale la banque, et c'est là que toute la magnificence de la force et de la richesse se trouve déployée en un seul édifice, c'est une assemblée des corps de l'espace. C'est l'univers avec ses sphères entassées les unes sur les autres ; elles brillent de l'éclat de feu du soleil, de l'argent blanc de la lune, des couleurs brunes et vertes de la terre et des mers, et sur une dernière rangée de globes étincelants de la nacre des huîtres du Japon, s'élève en pente douce un dôme d'azur tacheté d'or. Des touffes de colonnes d'herbes géantes, des grappes de fruits et de fleurs saillissent des intervalles, et ces sphères entassées reposent dans une vaste enceinte brodée, dentelée, et faisant luire le rouge pourpre de la robe des Césars.

» Et au centre de ma ville, entre les globes de la banque étalés en un large espace et les cierges de l'Académie dressés à une immense hauteur, plus haut que ces cierges, plus étendu que ces globes, est mon temple.

» Par tous les noms que je me suis donnés à la
face de la terre, voici que j'enracine dans le sol et
que je déploie dans l'espace un temple où je puis
graver mon vrai nom.

» Mon temple est mon sommeil d'équité, mon
nœud d'alliance parmi les hommes, ma fleur de
grâce et de pureté, mon sourire de tendresse et de
fécondité ; mon temple est l'espoir du monde.

» Mon temple est mon amour vivant, la joie de
mon cœur, la beauté de ma face, ma main de ca-
resse et de charité.

» Levez vos fronts! vieux temple des Juifs! ruines
de Thèbes et de Palmyre! Parthénon ! Alham-
bra ! levez vos fronts courbés dans la poussière !
dômes de Saint-Pierre et de Saint-Paul ! clocher
du Kremlin! mosquées des Arabes! pagodes de
l'Inde et du Japon! palais de mes rois! temples de
mes Christs! morts et vivants! levez vos fronts et
pliez le genou!

» Mon temple est une femme!

» Autour de son vaste corps, jusqu'à sa ceinture,
monte en spirale. à travers les vitraux, des galeries qui s'échelonnent comme les guirlandes de
robes de bal. Du haut de ces galeries, on voit par-
dessus les toitures de verre des imprimeries, par-dessus les kiosques et les tentes bariolées des halles,

par-dessus les théâtres, les cafés, et les salles de concert, groupés autour de l'Étoile comme des bijoux de fantaisie, on voit le grand Cirque qui semble une coupe avec sa bordure de prairies et ses ciselures de hauts platanes, et ses écuries comme deux anses sculptées aux deux bouts, et les chevaux de course, quand leur ventre rase la terre, semblent des fourmis qui bougent à peine.

» Sa robe descend en arrière sur la grande place des parades, et forme des plis de sa queue un immense amphithéâtre où l'on vient jouir du spectacle des pacifiques carrousels et respirer le frais sous des orangers.

» Le bras droit de la bien-aimée de ma ville est tourné vers les coupoles et les dômes industriels, et sa main repose sur une sphère au sommet de cristal, à la surface enluminée du vert tendre des jeunes gazons, du jaune argenté des blés murs et de toutes les nuances vives que les belles campagnes épanouissent sous les premiers baisers du matin ; cette sphère forme en dedans du temple l'emplacement de mon théâtre sacré, dont les décors sont des panoramas.

» J'ai mis dans la main gauche de l'épouse de mon colosse un sceptre d'azur et d'argent qui touche à terre et se marie dans les airs avec les flèches

droites et argentées de l'Académie, et son pourtour
de pilastres violets. Du sommet élargi de ce sceptre
monte, en pyramide affilée, une flamme, phare immense dont la lumière éclate au loin et rend visible
au sein des nuits le sourire de son visage.

» Les escaliers latéraux des industriels et des savants forment les plis de sa chaussure, le large
escalier des prêtres et du peuple monte à travers
les plis de la robe entr'ouverte et agrafée.

» On dirait à l'éclat des vitraux qui serpentent
autour de son corps, le long de la spirale des galeries qui rayonnent aux rosaces de sa poitrine, que
les pierreries des cinq continents sont dans sa robe
et dans son corsage.

» J'ai chargé ses bras de riches bracelets qui
saillent en terrasses damasquinées à jour ; j'ai tissu
sa ceinture de lames métalliques, espacées et vibrantes. C'est là que repose le nouvel orgue à la
voix de cuivre, d'argent et d'airain, dont les mélodies et les harmonies descendent comme une chute
d'eau sur le plancher de mon temple, et jaillissent
de sa bouche, de ses oreilles, de ses yeux, des intervalles qui séparent les perles de son cou et les
tresses de ses cheveux, et des créneaux de son magnifique diadème, semences de vie que ma bien-aimée
répand dans la ville et dans le monde.

» Voilà mon temple !

» Mon temple et mon amour vivant, la joie de
mon cœur, là beauté de ma face, ma main de ca-
resse et de charité !

» Voilà mon temple !

» Voilà ma ville !

» Venez donc, accourez de toutes les parties de
la terre, ô hommes ! l'enfantement de ma ville sera
un temps de réjouissance inimaginable. Je ferai
passer sur ses membres d'airain et de pierre, sur son
visage de fleurs, dans sa barbe et ses cheveux de
bois élancés et touffus, une musique retentissante
et suave ; ouragan qui balaie les montagnes, brise
molle qui se balance sur les eaux bleues de la mer,
je ferai tressaillir tout son cœur d'une danse nouvelle, et quand viendra le soir, je l'endormirai
dans un vêtement d'étincelantes lumières.

» Alors vous sortirez en foule, et vous monterez
aux collines de Sèvres et de Meudon, au parc de
Saint-Cloud, au Calvaire, à Montmartre, à Ménilmontant, sur les buttes Chaumont ; vous vous
grouperez dans les bois de Romainville et de Cla-
mart, comme sur les bords d'un cirque immense,
pour contempler la nouvelle création dans tout son
éclat, pour voir le géant, homme de feu, dormir,
couché sur son lit noir. Des ballons vous porteront

tour à tour dans les airs, afin de le voir dans toutes ses dimensions et dans son ensemble.

» Sa chevelure et sa barbe sont éclairées par un météore de lueurs pâles, qui se jouent dans les massifs comme l'air et la lumière se jouent dans les cheveux. Ses yeux sont deux soleils tournoyants, éblouissants comme serait mon soleil, si je gardais en lui les rayons qu'il disperse dans l'espace, et que je voulusse le montrer seul, quand il fait nuit. De sa bouche s'échappe un bouquet de flammes et de jets d'étincelles qui montent à travers les airs, comme une création d'un monde d'étoiles que ma terre envoie dans mon ciel. Sa jambe droite et son bras droit, et la partie droite de son ventre, étincellent d'un feu rouge; c'est un tricot de pourpre qui colle à la peau et fait ressortir les saillies de ses muscles. Sur son épaule gauche, et sur toute la partie gauche de son corps, est jeté son manteau flamboyant d'un feu violet, comme la grande mer des îles de l'Inde. Le temple brille de la double blancheur des perles et des diamants; le bandeau de palais qui fait le tour de sa chevelure est une couronne de gigantesques pierreries vertes, jaunes, rosées, bleu d'azur, et le colossse, ainsi embrasé de feux de toutes couleurs, illumine au loin les campagnes, et montre aux hommes un jour qu'ils n'ont pas vu.

» Voilà, dit le Dieu bon qui fait largesse aux hommes, voilà le joyau que je tirerai des coffres de ma munificence ! Voilà la première pierre de mon édifice ! Je veux renouveler la face et les entrailles de ma terre; je veux que les hommes déplacent les mers et qu'ils fassent surgir de nouveaux continents; je veux qu'ils prennent ma terre dans leurs mains, et qu'ils la taillent et la polissent ainsi qu'un nouveau diamant de mon incommensurable couronne.

» Terre ! je t'inonderai des pluies de lumière de mon soleil, et ma volonté te promènera à travers les harmonies du ciel, aux yeux éblouis de tous les mondes ! — CHARLES DUVEYRIER. »

Tandis que Duveyrier, plein de l'inspiration prophétique dont Ménilmontant était devenu le principal et ardent foyer, célébrait d'avance, dans ses rêves poétiques, les merveilles futures du nouveau Paris, parmi lesquelles se trouvaient des réalités prochaines, Michel Chevalier s'occupait de l'exécution des ordres du maître relatifs à l'expansion de l'aspostolat et à l'organisation des missions en France et à l'étranger. Le moment était venu pour Enfantin de dire à ses disciples : *Allez et enseignez*. Il avait gardé le silence, quand Barrault lui avait demandé [1] de prononcer ce mot, et de donner

____

1. VIIe volume, page 127.

le signal de la dispersion. Il avait voulu être mis auparavant en position de dire au monde, dans une occasion solennelle, qu'il comparaissait devant lui pour ENSEIGNER et non pour être *jugé*. Maintenant que cette comparution était accomplie, l'audace de l'enseignement en cour d'assises pouvait servir d'annonce et d'ouverture aux enseignements non moins hardis que les apôtres devaient répandre dans le peuple de France et parmi les autres nations. L'apostolat célibataire et presque cloîtré de Ménilmontant avait fait son œuvre ; il avait formé d'énergiques caractères, marqué la séparation du vieil homme et du nouveau, et répondu aux calomnies de la malveillance, de manière à ce qu'Enfantin put dire à ses accusateurs, comme il venait de le faire :

» Pour juger notre immoralité, pour nous condamner, sous prétexte que nous excitons au désordre de la *chair*, il faudrait que vous-mêmes, observateurs de la continence et de l'abstinence chrétiennes, fussiez saints selon cette loi sévère ; et bien, le fait est *que les hommes qui sont devant vous gardent tous le célibat, et qu'ils vivent étroitement de la vie sobre du prolétaire* ; RÉFLÉCHISSEZ. »

Mais après que cette démonstration, consciencieusement poursuivie, avait produit les seuls résultats qu'on pût en attendre, sa prolongation n'était plus qu'un démenti donné par l'apôtre à sa doctrine, et c'était autrement que par l'isolement claustral et par l'exagération de l'ascétisme chrétien que la *réhabilitation de la chair* pouvait être fructueusement prêchée aux innombrables victimes de la *dégradation de la matière et de la flétrissure de la chair.*

La dispersion du groupe apostolique de Ménilmontant ne pouvait plus d'ailleurs être longtemps différée, après qu'elle avait été prononcée par un arrêt définitif. Si cet incident judiciaire influa sur la détermination des saint-simoniens, c'est le cas de reconnaître que la Providence se sert bien souvent des ennemis aveugles d'une doctrine pour en aider la propagation. Ainsi fit-elle des fanatiques Sadducéens dont les persécutions forcèrent la première Église de Jérusalem de se dissoudre, après quatre ans d'existence.

« Ce fut pour le christianisme naissant, dit M. Renan, une bonne fortune sans égale que ses premiers essais d'association, essentiellement communistes, aient été sitôt brisés. Les essais de ce genre engendrent des abus si choquants, que les établissements communistes sont condamnés à crouler en très-peu de temps ou à méconnaître bien vite le principe qui les a créés. Grâce à la persécution de l'an 37, l'Église cénobitique de Jérusalem fut délivrée de l'épreuve du temps. Elle tomba en sa fleur, avant que les difficultés intérieures l'eussent minée; elle resta comme un rêve splendide, dont le souvenir anima dans leur vie d'épreuve tous ceux qui en avaient fait partie, comme un idéal auquel le christianisme aspirera sans cesse à revenir, sans y réussir jamais. »

Si la communauté cénobitique ne put durer que peu d'années dans le christianisme où elle était soutenue par la logique et dont elle devait rester l'idéal irréalisable, comment cette vie commune se serait-elle mieux maintenue dans l'apostolat célibataire et purement mâle du saint-simonisme, dont l'idéal était la *sanctification* et non pas la *mortification* de la chair? La première Église de Jérusalem fut heureuse d'être contrainte à la dispersion, parce que, comme le fait remarquer M. Renan, en se reconstituant, — *elle ne se reforma plus sur son premier modèle.* — En agissant ainsi, elle put manquer de logique et voiler son idéal, mais elle assura son prochain et rapide développement, en faisant pénétrer partout les grandes nouveautés sociales qu'elle apportait au monde, sous la forme que le monde pouvait accepter. Sa dissolution momentanée fut la condition nécessaire de son organisation normale. Cette reconstitution obligée renferme un enseignement pour le saint-simonisme[1].

L'heure des grandes missions avait sonné pour lui ; Michel Chevalier écrivit, le 8 octobre, à Arlès.

« Mon cher Arlès, je vous annonce, de la part

1. M. Renan a si bien senti que la dispersion de la première église de Jérusalem pouvait offrir quelque analogie avec celle des saint-simoniens de Ménilmontant, qu'il a terminé le passage que nous avons cité, par ces lignes remarquables :

« Ceux qui savent quel trésor inappréciable est, pour les membres encore existants de l'Église saint-simonienne, le souvenir de Ménilmontant, quelle amitié cela crée entre eux, quelle joie luit dans leurs yeux quand on en parle, comprendront le lien puissant qu'établit entre les nouveaux frères le fait d'avoir aimé, puis souffert ensemble. Les grandes vies ont presque toujours pour principe quelques mois durant lesquels on a senti Dieu, et dont le parfum suffit pour remplir des années entières de force et de suavité. » (*Les Apôtres*, p. 148.)

Ces belles paroles ont retenti à coup sûr dans le cœur de ceux qui, après avoir SENTI DIEU, ont *aimé et souffert ensemble,* sous la règle de Ménilmontant, comme dans l'apostolat séculier. Mais nous devons ajouter, ce que M. Renan sait très-bien, que les grandes vies, nées du SENTIMENT DE DIEU, ne restent jamais infécondes. Il est donc permis de croire que ce SENTIMENT PRIMORDIAL, qui suffit à quelques pêcheurs ignorants et à leurs disciples pour vaincre les résistances de la science antique, païenne ou athée, ne sera pas moins puissant contre la superstition et l'athéisme, quand il se sera produit, comme dans le saint-simonisme, chez les élèves les plus distingués de la première école de la science moderne.

du PÈRE le très-prochain départ pour le Midi d'une mission.

» Hoart et Bruneau, les deux capitaines, les deux anciens de la famille, les deux camarades d'école du Père, les deux excellents croyants, hommes graves et bons, ardents, sages, ont mission d'aller à Lyon, et de là à Montpellier, montrer l'homme et l'habit nouveaux. Leurs liaisons militaires et leur caractère personnel leur assurent toutes les facilités possibles aujourd'hui pour une telle tâche.

» Avec eux sera Ribes, qui a beaucoup fait à Lyon, et que Lyon sera heureux de revoir. Ribes s'est beaucoup développé ici. Il est une colonne de granit. Il est depuis quelque temps un peu taciturne; mais la joie de revoir les Lyonnais, l'enthousiasme dont Cognat et Derrion bouillonnent, votre tendre affection et la communion permanente d'Hoart et Bruneau le dérideront certainement.

« Le départ des missionnaires est proche. Il sera probablement fixé à jeudi prochain (après-demain) à 4 heures après-midi, par Gaillard et Lafitte. Il sera solennel : Paris entendra nos chants. Ils arriveront à Lyon par le bateau à vapeur, sans s'être arrêtés en route. Que Cognat et Derrion fassent les dispositions pour que la famille de Lyon les reçoive sur le port, et que Lyon entende l'*appel* et le *salut*, chantés par de vigoureux poumons. Que Cognat et Derrion se félicitent, c'est par leurs efforts que Lyon est devenu digne de recevoir la première mission apostolique.

» Gloire aussi à vous, mon ami, dont les conseils, la bonté, l'assistance constante en cent façons, ont puissamment contribué à établir cet heureux état de choses. Que Decaen y soit, s'il est possible, prévenez-le. La retraite est finie, nous allons déborder sur le monde.

» Bénissons Dieu dont le saint nom a été par nous réappris à la terre, qui l'avait oublié.

» Bénissons le PÈRE, par qui toutes ces choses s'accomplissent!

» Espérons la MÈRE dont le tendre baiser nous récompensera de nos œuvres!

» Cognat et Derrion, et tous, souvenez-vous que de ce que verront Hoart, Bruneau et Ribes dépend l'installation de l'*habit* parmi vous!

» Vous recevrez un avis ultérieur; pensez au *Précurseur* et à l'*Écho*. »

Le départ de la mission s'effectua comme l'avait annoncé Michel Chévalier, Paris entendit les chants saint-simoniens à travers ses rues.

Cependant un autre procès, celui qui avait été soulevé à l'occasion de l'emprunt saint-simonien,

allait ramener Enfantin et Rodrigues au Palais-de-
Justice. Cette fois le débat fut porté devant la police
correctionnelle. Les détails en ont été consignés
dans un compte rendu qui fut immédiatement
imprimé, et auquel nous empruntons l'extrait suivant : .

PROCÈS EN POLICE CORRECTIONNELLE

Sous prévention d'escroquerie, le 19 octobre 1832.

« L'inculpation en escroquerie contre le PÈRE et
contre *Olinde Rodrigues* ayant été rétablie, sur
l'appel de M. le procureur du roi Desmortiers, par
la chambre des mises en accusation de la cour
royale, le PÈRE reçut une assignation à comparaître devant le tribunal de police corectionnelle, à
la septième chambre, pour le 19 octobre, onze
heures.

» A onze heures une partie de la famille était
déjà dans la salle des Pas-Perdus. Le PÈRE y arriva
précédé de *Michel* et *Rigaud*, ayant à ses côtés
Barrault et *Holstein*. Une affluence considérable
remplissait la salle des Pas-Perdus.

» A onze heures et demie la cause fut appelée.
Le PÈRE fut introduit par l'entrée réservée au tribunal. Il alla s'asseoir au banc des prévenus, entouré
de *Michel, Barrault, d'Eichthal, Ollivier, Hols-*

tein, Rigaud, Alexis Petit, Toché, parmi lesquels se trouvaient ceux de ses fils dont les rapports financiers ont été les plus considérables. *Fournel* s'assit au banc des avocats, à côté de M. Duvergier, qu'*Olinde Rodrigues* avait chargé de sa défense.

» Le tribunal était composé de MM. Vanin, président; Picquerel et Perrot de Chézelles, juges; Desmortiers (frère du procureur du roi) et Gramail, juges suppléants.

» M. Godon, substitut du procureur du roi, était chargé de soutenir l'accusation. Ce magistrat eut autrefois des relations avec Robinet, qui tenta de le convertir à notre foi.

» Les physionomies des juges et leur attitude indiquent des hommes dans la vigueur de l'âge, éclairés et capables. M. Vanin, président, paraît le plus jeune. Il a l'élocution facile, une grande lucidité d'esprit; toutes ses paroles, dans tout le cours des débats, ont respiré un sentiment élevé des convenances. En recueillant nos souvenirs de cour d'assises il ne nous a pas semblé que, sous ce rapport, la hiérarchie judiciaire eût eu une légitime raison d'existence.

» Le ministère public avait fait assigner un assez bon nombre de témoins. Plusieurs étaient absents; c'étaient madame veuve Petit, Bouffard, Haspott;

M. Barthez, médecin, *Bruneau*, qui actuellement est en mission dans le midi de la France avec *Hoart*. Les autres étaient Marie Talon, qui avait fait partie de la hiérarchie à l'époque où les femmes y avaient place; *Alexis Petit*, apôtre, et divers souscripteurs à l'emprunt; MM. Desmazery, ancien banquier; Fauqueux, marchand de papier fournisseur du *Globe*; Ariste Boué, avocat; Garnot, marchand de vins; Guillard, rentier, et Jaclot, expert, qui avait été chargé d'examiner notre comptabilité. Le PÈRE n'en avait fait assigner aucun, pensant que les témoins à *charge* seraient suffisants pour l'éclaircissement de l'affaire.

» Après un premier réquisitoire de l'avocat du roi, le tribunal a procédé aux dépositions des témoins. Ces dépositions ont été courtes et décisives. Tour à tour ont répondu : Marie Talon, MM. Jaclot, Ariste Boué, Desmazery, Fauqueux et Garnot, et *Alexis Petit*. Les dépositions qu'ils avaient faites par-devant M. Barbou, juge d'instruction, sont aux pièces justificatives. Leurs dépositions à l'audience ont été la répétition de leurs déclarations précédentes. Toutes, et notamment celle de M. Jaclot, expert-commis par le tribunal, ont été complétement à décharge.

» Le Président a adressé quelques questions au

Père. Nous ne les reproduirons pas, et cependant il serait curieux de mettre en parallèle l'urbanité et le sens élevé des juges dont la fonction est de prononcer sur les ignobles délits de police correctionnelle, avec la brusquerie et le manque de tact que nous avons rencontrés chez d'autres magistrats d'un rang supérieur, chargés de la délicate mission de juger les innombrables délits dits politiques, que la susceptibilité du ministère public et l'irritation des partis mettent aujourd'hui en cause. Toutes les questions de M. Vanin, sur les imputations de M. Desmortiers, étaient précédées de ces correctifs : *la prévention considère, etc....., suivant la prévention.....,* et lorsqu'il a demandé au Père s'il « avait exercé son influence personnelle pour faire » apporter à la caisse des sommes plus ou moins » considérables, c'est-à-dire, si, pouvant promettre » dans la hiérarchie un rang plus ou moins élevé, » il avait usé de ce moyen pour déterminer des » donations, » il a ajouté, après la réponse du Père : *Je m'empresse de dire que l'instruction a répondu suffisamment à cette inculpation; je ne vous fais cette question que parce que mon devoir m'y oblige.*

» Après l'interrogatoire d'Olinde Rodrigues, qui a été tout financier et qui rentre dans ses interrogatoires par-devant M. Barbou, juge d'instruction, M. le substitut a pris la parole. Il a commenté le réquisitoire de M. Delapalme; il l'a débité toutefois avec beaucoup moins d'aplomb que n'en avait eu M. l'avocat général près la cour d'assises, et si nous consignons ici son visible embarras, la pauvreté de ses arguments et la faiblesse de tous les points de sa harangue, c'est moins pour tirer des conséquences défavorables à sa capacité que pour en faire honneur à sa probité. Ce sont, suivant nous, autant de signes qui attestent qu'il remplissait malgré lui, en cette cause, le rôle d'accusateur public. S'il balbutiait en prononçant les mots de *spéculations*, de *dupes ou fanatiques*, d'*esprit de bouleversement*; si c'était avec une monotone indécision qu'il répétait des métaphores à effet, telle que celle-ci : le *gouffre creusé sous leurs pas;* si sa voix était mal assurée, quand il affirmait *qu'il était chimérique d'améliorer le sort de la classe pauvre par l'association universelle,* c'est que sa conscience réclamait contre les fâcheuses nécessités de sa position hiérarchique. Mais n'est-il pas surprenant que ce soient les hommes sur qui les débris de la hiérarchie des temps passés pèsent ainsi comme une fatalité de plomb, qui fassent un crime au Père et à ses fils d'appor-

ter au monde le bienfait d'une hiérarchie fondée
sur la capacité, c'est-à-dire sur l'*amour éclairé*
et *actif* du supérieur pour l'inférieur?

» D'autre part, il n'est pas indigne d'attention
que ce soient les hommes, organes d'une loi qui ne
sait que punir et flétrir, que ce soient les magistrats,
dont la fonction consiste à requérir contre des
malheureux, victimes le plus souvent de l'impré-
voyance sociale, les châtiments établis par une
pénalité de fer comme les siècles dont elle est un
reste, qui soient, eux aussi, dans le cas de subir
les contraintes les plus violentes, les *travaux
forcés*.

» La parole de M. l'avocat du roi a été suivie
de celles de *Fournel* et de M. Duvergier, juris-
consulte dont le nom est dès longtemps connu,
qu'*Olinde Rodrigues* avait choisi pour avocat.
L'un et l'autre ont été écoutés avec une bienveillance marquée de la part du tribunal et de l'auditoire. Dès leurs premiers mots, l'issue du procès
n'était plus douteuse pour personne. Déjà même
pendant que M. l'avocat du roi récitait son réquisitoire, quelques-uns des apôtres, assis derrière le
Père, écrivaient à leurs amis des départements et
des pays voisins de la France qu'un jugement d'acquittement était infaillible. Nous reproduirons les

paroles de *Fournel* et de M. Duvergier. Ce qu'a
improvisé *Fournel* a été dit d'un ton de conviction et
de haute simplicité qui a plusieurs fois excité des
marques d'assentiment de la part de tous les assistants. Le plaidoyer de M. Duvergier, dont le nom
fait autorité au Palais, a été prononcé au milieu
d'un profond silence.

» Le ministère public n'ayant pas jugé à propos
de répliquer, le tribunal s'est rendu dans la chambre du conseil, dès que M. Duvergier a été assis.
Après vingt minutes de délibération, il est rentré,
et par l'organe de M. Vanin, président, il a rendu
le jugement suivant :

« Attendu qu'il n'est pas établi que ce soit à
l'aide de manœuvres frauduleuses que les prévenus ont obtenu les sommes qu'il est constant qu'ils
ont reçues, le tribunal les renvoie des fins de la
plainte, sans amende ni dépens. »

» Pour décrire l'impression produite par ce jugement nous empruntons les paroles d'un journal
connu par ses opinions modérées et par sa pru-
dence.

» Ce jugement, dit *le Journal du Commerce*,
» pressenti par tous ceux qui avaient suivi attenti-
» vement les débats, a été entendu avec calme et
» accueilli avec dignité, tant par les prévenus que

» par leurs amis, qui composaient la majorité de
» l'auditoire. Les dames même de la famille, pré-
» sentes en assez grand nombre, n'ont laissé écla-
» ter que par l'expression de leur regard le vif
» plaisir que leur causait cette impartiale et équi-
» table décision. Quant aux profanes, et nous
» sommes du nombre, ils semblaient avoir peine à
» comprendre qu'on eût basé une prévention de
» cette gravité sur d'aussi pauvres éléments que
» ceux qui ont été produits par le ministère
» public. »

» Pendant que ces choses se passaient à la septième chambre, la majeure partie de la famille
était dans la salle des Pas-Perdus, au milieu d'une
foule considérable. Aussitôt après le prononcé du
jugement, ils se sont vite rendus avec les membres
de la famille de Paris dans la grande salle du res-
taurant du *Veau qui tette*, où un dîner simple
avait été préparé, et là, les fenêtres ouvertes, ils
ont attendu le Père. La place du Châtelet était couverte de monde.

» Le Père est sorti accompagné de ceux de ses
fils qui l'entouraient sur le banc des prévenus. Dans
la salle des Pas-Perdus et sur le grand escalier, il
a été accueilli par des applaudissements et des
vivat; sur le pont au Change et la place du Châ-

telet, la famille, rangée proche du balcon dans le salon, a entonné le *Salut*.

» Presque aussitôt a eu lieu le dîner, qui a été précédé et entrecoupé de plusieurs des chants de la famille, l'*Appel* : *Soldats, ouvriers, bourgeois,* et *Peuples, savez-vous qui nous sommes ?* non compris les chants d'*avant et après le repas*. Là a été dit, pour la première fois, le chant nouveau : *Peuple fier, peuple fort, c'est toi,* etc., dont voici les paroles : [1]

Qui féconde la terre,
Qui plante bois et vignes,
Qui sème les moissons,
Qui pour chacun prépare
L'habit et la parure,
La chair, le pain, le vin?
Peuple fier, peuple fort,
 C'est toi;
Ton cœur est bon, voici mon cœur;
Ton bras est fort, je suis à toi;
Voici mon bras, je suis à toi;
 Je suis au Père,
 Au Père, à Dieu,
 A la vie, à la mort,
 A la mort, à la vie.

Qui pour les grandes choses
Enfante les grands hommes,
Qui sait les couronner,
Qui sur la terre entière
Six mille ans fit la guerre,
Qui la fera cesser?
Peuple fier, etc., etc.

1. Les paroles sont de René Rousseau, et la musique de Félicien David.

On charge ses épaules,
On charge, on charge encore ;
Il ne sait pas plier.
Bien, dit-il, Dieu m'éprouve ;
Espérons avec calme ;
Travaillons, je suis fort.
Peuple calme et puissant,
Salut,
Ton cœur est bon, voici mon cœur ; etc., etc.

» Après le dîner, le Père est retourné à Ménil-montant avec Barrault et Holstein. Sous l'arcade Saint-Jean quelques hommes l'attendaient ; à son approche, ils ont entonné l'*Appel*, et ils l'ont reconduit, chantant toujours, jusqu'à Ménilmontant. »

Nous devons citer ici la fin du discours de Fournel, qui fut imprimé en entier, comme celui de M. Duvergier, à la suite du compte rendu :

« Croyez-le bien, s'écria-t-il, il n'y a entre nous qu'une différence de religion ; l'avenir, et peut-être un avenir de quelques années, décidera entre *vous* et NOUS. »

Le lendemain, Enfantin écrivit à son père et au général Saint-Cyr pour leur annoncer l'acquittement et ses suites.

Lettre d'Enfantin à son père.

« Tu as eu hier des nouvelles par Holstein, la suite a été très-belle ; notre départ du Palais-de-

Justice, notre course jusqu'au *Veau qui tette*, notre dîner au milieu de nos chants, fenêtres ouvertes, notre départ au milieu du peuple criant bravo, et de nos ouvriers, chantant tout le long du chemin ; enfin, la soirée de plusieurs de nos enfants, les uns à l'Opéra, les autres chez Mme Saqui, tout s'est on ne peut mieux passé. Pour le procès, Fournel a très-bien parlé. Duvergier, avocat de Rodrigues, a, on ne peut mieux plaidé, et Rodrigues et moi n'avons absolument rien dit.

» Bien m'en a pris d'avoir donné les preuves de ma foi dont Aglaé t'a parlé dans sa dernière lettre ; sans cela j'étais infailliblement condamné, car tout était dirigé très-spécialement contre moi. La déclaration que je pouvais faire de mes dépenses personnelles, entouré comme je l'étais pendant les plaidoiries, de :

Fournel qui a donné.	80,000 fr.
Petit.	100,000
D'Eichthal.	50,000
Ollivier.	30,000
Rigaud.	30,000
Toché.	20,000
Barrault.	8,000
Petit représente également sa mère. . . .	150,000
Et Robinet qui a donné plus de.	30,000
Bruneau.	25,000 [1]
Nous avions là.	523,000 fr.

[1]. Que nous pouvions invoquer en ce moment, puisqu'il est chargé d'une mission pour nous et qui a donné plus de 25,000 francs.　　　　　(Note d'Enfantin.)

» Sans compter ce que j'avais donné ; or, cela formait au moins les deux tiers de ce que nous avons dépensé. Ce bilan a fait un effet décisif.

» Le procès en cassation va venir très-vite maintenant ; j'espère que celui-ci en aidera la réussite ; je suis donc bien aise que tu renvoies à quelques jours ton retour. J'espère que tu nous trouveras quittes de procès, ou du moins qu'ils prendront meilleure tournure, car nous en avons encore un pour nos réunions de Ménilmontant, depuis notre procès, en vertu de cet excellent art. 291, pour la réunion au-dessus de vingt personnes. »

» P. ENFANTIN. »

Lettre d'Enfantin au général Saint-Cyr.

« Mon cher Saint-Cyr, tu auras appris par les journaux du soir notre acquittement d'hier, mais je suis bien aise de te le dire moi-même, sûr du chagrin que t'a causé l'accusation et du plaisir que tu auras à la savoir éteinte. Elle a, pendant huit mois, pesé sur nous, il n'en faudrait pas plus pour justifier tous les efforts, même les plus exagérés (pourvu qu'ils soient *consciencieux*) qui tendent à modifier une société dans laquelle, selon le bon plaisir d'un avocat du roi, des hommes d'honneur sont, pendant huit mois, sous le poids d'une accusation dont la malveillance s'empare d'autant plus que ces hommes se tranchent d'ailleurs par leurs idées et leurs habitudes du reste de la société, et qui pour cela même exigerait plus de rapidité si l'on voulait éviter les cris et les scandales qui peuvent en être la suite. Ce moyen de tuer les gens, auxquels les Enfantin frères n'ont pas pu résister dans le temps, était aussi odieux pour nous que pour eux, mais pour nous il était de plus d'une complète absurdité, il pouvait tout au plus épurer de notre sein les hommes à conviction molle et à tiède caractère, mais il avait aussi le résultat contraire sur les hommes de conscience et d'énergie, non-seulement au milieu de nous mais hors de nous, et cette injuste agression nous a fait plus d'amis dévoués que ne l'ont pu faire beaucoup de nos prédications et publications. Je te fais envoyer un volume contenant notre procès en cour d'assises, dans quelques moments perdus je te prie de le parcourir. — Je ne pense pas du tout que cet acquittement puisse te donner meilleure idée de nos vues morales, politiques et religieuses, ni surtout te faire avoir meilleure opinion de notre probité qui n'a jamais pu faire doute pour toi, mais tu verras par là tomber une des accusations niaisement propagées par le monde contre nous, et tu t'en réjouiras, c'est tout ce que je désire; — je l'ai annoncé hier à mon père, en lui écrivant du Palais-de-Justice, tes sœurs en seront bien aises; toutefois, mon cher Saint-Cyr, réfléchis, je t'en supplie, à la nature de la conviction qui anime des hommes que l'on traite comme on nous a traités, que l'on juge avec la légèreté que tu dois toi-même apprécier dans les jugements que tu entends souvent sans doute porter sur nous; il faut certes que la foi dans l'utilité de nos œuvres pour TOUS soit bien grande pour embrasser, contre l'avis même de ceux qui nous sont les plus chers, et contre toutes les injures quotidiennes, une semblable carrière. C'est là le caractère, sans contredit, de la foi religieuse; or, si nous sommes religieux qu'est-ce que c'est que l'article 5 de la Charte? et que nous fait-on avec l'article 291? Que veulent dire tous ces principes de LIBERTÉ, que proclament les amis de la LÉGALITÉ, si l'on peut se jouer ainsi avec nous des lois elles-mêmes? Qu'est-ce que notre despotisme de *loi vivante* dont on parle, quand la loi écrite, la *loi morte* fait faire de semblables actes d'arbitraire? C'est que derrière cette loi morte est une loi vivante ignorante et incapable, des hommes qui jugent le savoir et la moralité sans rien savoir et plongés dans le vice; un *** qui parle dogme et qui ne sait ce que c'est qu'un dogme; un *** qui nous accuse d'immoralité et qui a été obligé de quitter maintes résidences par suite d'aventures plus ou moins scandaleuses ; un *** qui s'acharne contre les théories économiques, politiques, et qui ne sait ce que c'est qu'économie politique, qu'industrie, que science, qu'histoire, qui n'a jamais songé à voir comment *s'enchaînent* les événements de la famille humaine, voici la loi morte avec toutes ses fonctions de liberté.

» Qu'ils nous laissent donc faire, ils verront ; si nous sommes des fous, l'opinion publique va nous délaisser et nous traiter seulement avec pitié, avec charité ; si nous sommes dangereux, ils n'ont pas le DROIT de nous enchaîner avant le délit ; si nous sommes sages enfin, ils n'auront pas à se reprocher de nous avoir barré le chemin. — Au reste, je crois pouvoir te dire que la nature des hommes qui m'entourent, connus en général par des antécédents de capacité, et portant tous sur leur figure le caractère de la franchise et de la loyauté, commence à faire réfléchir, surtout ceux qui attendaient de moi de beaux discours au Palais, et à qui je n'ai donné que peu de paroles ; les témoignages d'affection et d'obéissance qu'ils me donnent forment un mystère qui devient grave et intéressant pour eux, et, en effet, là est toute notre foi dans la venue d'un PRIN-

CIPE MORAL au milieu des hommes; ceux qui m'entourent m'aiment parce qu'ils savent et voient que je veux le bien. — Adieu, mon cher Saint-Cyr, tu m'as aussi aimé pour la même raison; aime-moi toujours, plus que jamais j'ai droit à ton affection.

» P. ENFANTIN. »

Le 2 octobre, Enfantin écrit à la sœur du général :

« Ma chère Thérèse, la fin de notre procès me laisse un peu de temps, j'en profite pour vous donner de nos nouvelles; j'ai hâte de recevoir une lettre du Père qui m'annonce que notre acquittement lui a fait du bien. Tu me reproches encore ma barbe, j'accepte ton augure, les femmes nous la feront couper. Le Père me trouve vieilli dans le médaillon; c'est qu'en effet j'aurai trente-sept ans bientôt. A cet âge, on n'est plus un jeune homme. Maintenant tu trouves mon portrait de Grévedon charmant; je n'ai pas l'air, il est vrai, là-dedans, d'un capucin ou d'un philosophe, mais bien d'un aimable mauvais sujet, je ne sais qui vaut le mieux pour inspirer confiance et *respect*, c'est ce dernier mot surtout qui me touche actuellement. Songe qu'il fallait toute la sévérité de nos faces pour imposer, comme nous l'avons fait, notre costume à un peuple ricaneur et badaud comme le

sont nos épiciers. Ce succès obtenu sur le peuple
peut bien faire excuser de passer pour un philosophe grec ; encore j'aurais voulu savoir auquel
tu me fais ressembler, je ne crois pas que ce soit à
Socrate.

» Ce qui nous occupe maintenant, c'est d'insti-
tuer sur une grande échelle ce que nous avons fait
sur une petite, je veux dire notre costume et nos
chants que doivent prendre et apprendre un grand
nombre de fidèles. Avec quarante hommes vigoureux, nous avons ouvert le passage, les autres vont
marcher. J'espère que nous aurons avant quinze
jours près de deux cents habits nouveaux, portés
par de braves gens qui nous aiment, et qui savent
quelle destinée pacifique est attachée à notre existence ; leurs femmes et enfants, mêlés à eux, for-
meront une petite troupe joyeuse et tranquille que
j'aurai plaisir à passer en revue, et qui sera d'un
bon effet auprès des artistes, des femmes et du peuple, d'autant plus qu'ils varieront les couleurs, les
signes, les larmes même, en conservant toujours
cependant un caractère commun. Voilà ce qui nous
préoccupe en ce moment. Nous serons heureux si
nous faisons par là diversion à la politique qui se
gâte considérablement et qui sera chaude dans trois
mois, si cela continue. D'un autre côté, il y a une

telle lassitude des choses publiques dans beaucoup
d'esprits, on est tellement fatigué de voir des consti-
tutions, des révolutions, des élections, des minis-
tères qui n'aboutissent qu'à des émeutes, des combats d'avocats à la tribune ou par la presse, des
budgets et des listes civiles, on a tant besoin de voir
finir ces guerres et ces chicanes, et de voir naître
parmi les hommes quelques exemples de bonne harmonie, que notre musique et nos costumes ne passeront pas sans frapper des oreilles et des yeux qui
n'entendent et ne voient que cris et batailles depuis
quarante ans. Déjà les artistes en général, frappés
de l'insolence qu'il nous a fallu pour tenter de révo-
lutionner le costume sans poésie de notre siècle, re-
connaissants des éléments d'art que nous allons ainsi
remuer ou faire naître, nous encouragent par le
plaisir qu'ils témoignent à nous voir et à nous entendre. Déjà une fois des musiciens instrumentistes
en assez grand nombre sont venus accompagner nos
chants; les ateliers de sculpture, de peinture, veulent peindre et modeler plusieurs d'entre nous,
quelques-uns se sont offerts de *contribuer* aux frais
de l'habillement. — Tu as trouvé étonnant que je te
signalasse avec plaisir la bonne réception que nous
font les halles, et en cela tu as été très-aveugle,
car le peuple de Paris est plus que tu ne pourrais

le croire l'écho de l'affection ou de la haine des halles, et il n'y a pas d'homme politique qui n'ait su cela ; tu l'as trouvé étonnant, dis-je ; eh bien, au risque de t'offusquer, je te dirai que les acteurs et actrices sont bien disposés pour nous, et je m'en réjouis, car il leur est grandement possible de nous faire aimer ou de nous nuire. Non-seulement aujourd'hui la plus grande partie ne voudraient plus nous tourner en ridicule sur la scène, mais plusieurs nous sont très-dévoués, et voudraient pouvoir contribuer par eux-mêmes à notre œuvre.

» Le passage à Lyon de nos apôtres a été on ne peut pas plus agréable ; ils ont été parfaitement reçus ; les journaux en ont parlé en termes très-honorables, recommandant à la population du Midi de prendre pour exemple de la conduite à tenir à leur égard, celle du peuple de Lyon.

» Enfin nous nous apercevons de toutes parts du bon effet du procès gagné, qui a fait tomber complétement les accusations calomnieuses qui jusque-là ne nous étaient pas épargnées. L'apparition à l'Opéra le jour même du procès, annoncée dans les journaux avant même d'en connaître l'issue, a frappé comme assurance. Aujourd'hui encore, un fait qui vient de se passer et qui est en effet très-important pour nous, fait jaser tout le monde. Le fils d'Humann, ministre, ancien élève de l'École polytechnique en juillet 1830, avait voulu, il y a un an, s'associer à nous ; son père, qui exerçait un grand empire sur lui, obtint qu'il nous quitterait, et pour lui faire perdre sa foi, le mit dans les mains d'un prêtre mystique de Strasbourg, et enfin le décida même à partir pour l'Italie pour un an ; il le fit, correspondit même à peine avec nous ; enfin, il y a trois jours, nous le voyons arriver, il ne tenait plus en Italie, son parti était pris, il venait me demander de le mettre au nombre de mes enfants ; il était revenu en France, ne sachant pas que son père était ministre, et quand il l'apprit, cela ne fit que le raffermir dans sa détermination, certain qu'il pourrait ainsi lui-même être plus utile à la propagation de la foi, et que d'un autre côté son père avait, dans le poste qu'il occupe, de puissantes distractions au chagrin que cette détermination de son fils pourrait lui faire éprouver. Il est au milieu de nous ; son père n'a pas voulu le voir, quoiqu'il se soit présenté chez lui ; hier, il a revêtu l'habit que son père lui a si longtemps fait attendre, et il est aussi heureux qu'on peut l'être quand on n'est pas compris de ceux qui vous aiment ; c'est un malheur qui lui est commun avec beaucoup d'entre nous, c'est notre destinée pour le moment. Papa apprendra, j'espère, cet événement avec plaisir, lui qui dit toujours que nous ne nous recrutons que de gens inconnus. C'est au moment où Humann nous sait pauvres, et c'est après avoir réfléchi un an loin de nous, qu'il vient avec nous. D'autres que papa en seront frappés ; et, pour qui ne serait pas religieux, il y aurait de quoi croire en Dieu, lorsqu'on voit la coïncidence du retour d'Humann et de la nomination de son père au ministère. — On a ri beaucoup autrefois lorsque nous avons dit qu'il en arriverait autant aux fils des rois ; je sais bien que cela est plus difficile, car ceux-là ne passent guère par l'École polytechnique, mais cela viendra ; Louis-Philippe a bien été jacobin, son fils pourrait bien être saint-simonien. Papa qui voit toujours le mauvais côté des choses, dira que nous nous sommes fait un ennemi puissant de plus, et ne songera pas même aux amis qu'un pareil fait peut engendrer ; et d'ailleurs il se tromperait, je crois, de toutes manières. M. Humann est sévère, mais il n'est pas injuste envers ses enfants, et celui-ci lui a assez montré par son obéissance, par les efforts consciencieux même qu'il a faits pour se faire convertir à une autre foi que la nôtre, tout le désir qu'il avait de satisfaire à la volonté de son père.

» Je crois t'avoir dit que j'ai écrit à Saint-Cyr

depuis le procès pour le lui annoncer ; tu as bien
fait de m'envoyer copie de ces lignes que je t'écrivais de Chambéry sur lui, elles m'ont fait grand
plaisir parce qu'elles ont trouvé mon cœur toujours
plein des mêmes sentiments pour celui d'entre les
hommes qui, le premier, a directement contribué à
me rendre bon, honnête, studieux.

» Je pense que les nouvelles que je te donne ici
seront aussi pour Eugénie ; je ne lui écris jamais,
parce que je crains de lui faire, par certaines
phrases, plus de peine que d'autres phrases ne lui
feraient de plaisir ; le temps n'est pas encore venu
où elle me comprendra comme autrefois, mais il
viendra. Je vous embrasse toutes deux ainsi que le
père. Holstein et Aglaé vous font bien des amitiés,
je vous envoie le volume qui contient les détails du
premier procès, il est vraiment curieux à lire. Je
vous adresserai la brochure du second.

» P. Enfantin. »

Le 25, nouvelle lettre de Michel à Arlès :

« Mon cher Arlès,

» Ce que vous m'annoncez de la santé de Cognat (disait Michel Chevalier) a beaucoup touché
le Père et nous tous. Puissent vos soins le guérir !
Tenez-nous au courant de ses nouvelles. Annoncez

lui, s'il est en état de porter cette bonne parole, que l'intention du Père est qu'il reçoive l'habit, ainsi que Derrion, des mains de Hoart et Bruneau. Providentiellement il se trouve que vous avez à Lyon deux habits tout faits, ceux de Ribes. J'écrirai officiellement les intentions du Père à cet égard à Hoart et Bruneau.

» La lettre que j'ai adressée à Hoart et Bruneau par votre intermédiaire, répondait d'avance à bien des choses de votre lettre du 19. Ce mouvement nouveau a dû vous faire une vive impression. Il commence aujourd'hui. Retouret et quelques autres sont déjà, à cette heure, sortis, et ils ne rentreront pas ici ce soir. Quant au centre à fonder à Lyon, ce ne sera évidemment que la constatation d'un fait existant. Lyon est la clé de la vallée du Rhône et de la Saône, le centre d'un mouvement industriel colossal qui comprend une vigoureuse population chez qui la foi religieuse n'est pas éteinte, et qui s'enflammera instantanément au flambeau étincelant que nous allons faire luire.

» Votre rôle à vous, dans tout ceci, prend une gravité considérable. Pendant que les jeunes gens, comme Derrion et ce pauvre Cognat, agiront sur les masses et leur communiqueront l'ébranlement avec animation, vous, et les hommes comme Corrèze, comme Decaen, aurez à constituer une sorte d'autorité qui commandera le *respect* aux ouvriers, dont les voltigeurs sauront se faire *aimer*, comme de bons enfants. D'autre part, auprès des bourgeois, vous serez la garantie des sentiments pacifiques du Père et de ses fils. C'est pour cela qu'il est fort heureux que votre considération auprès d'eux se maintienne et ne change que pour croître. Vous devez à tout prix la soigner.

» Tout cela se fera pas à pas et par des événements qu'il est impossible de prévoir, mais qui arriveront; car de plus en plus, le siècle s'annonce pour devoir être fertile en événements.

» Tout va bien ici. Les artistes sont montés sur un beau diapason : leur foi est grande, leur capacité supérieure. Ils enrôleront dans l'armée pacifique une foule nombreuse. Toutefois, il a été bien entendu que eux tous, et tous ceux auxquels ils donneront l'habit, porteront leur nom sur leur poitrine. C'est une puissante garantie en même temps qu'une éclatante preuve de courage. Tout l'état major, au contraire, cessera ainsi de porter son nom.

» Hier 23, six mois juste après l'entrée à Ménilmontant, l'habit bourgeois a été banni de la maison. Notre habit actuel devenant le signe de l'aspirant à l'apostolat, tous les néophytes l'ont reçu. Parmi eux était Eugène Humann, fils du ministre actuel des finances, ancien élève de l'École polytechnique, ingénieur des ponts, auditeur au conseil d'État. Il est parti de Naples où son père l'avait exilé, pour venir à Ménilmontant. Il y a quinze jours, il a appris en route que son père était ministre. Arrivé à Paris samedi, c'est hier qu'il est entré parmi la famille. Ses relations avec nous dataient de loin. Ce fut à l'Hôtel-de-Ville, après les glorieuses journées, que je fis sa connaissance, alors que j'escortais Bazard dans sa visite à Lafayette. C'est un grand et beau garçon, que la rude tutelle de son père a un peu courbé, mais qui se redresse.

» C'est par un vice de régularité dans notre administration que vous n'avez pas reçu l'ouvrage de Flachat. Il part aujourd'hui par la poste ; mais à partir d'aujourd'hui, nous aurons de l'ordre, je vous en réponds. Ce sera chose facile, actuellement que le départ est fait entre les wighs et les torys.

» Je vous envoie sous la bande du volume de Flachat, un exemplaire d'une petite feuille, que nous avons fait crier dans les rues de Paris, à la suite du procès en escroquerie. Il sera publié une brochure sur ce procès.

» Tout va bien, je le répète. La politique du *Globe* est acquise maintenant : voyez votre banquet de Lyon, voyez Fonfrède; voyez toute la presse de province, c'est à nous à faire un autre pas.

» Ci-joint un mot pour Petetin. Je vous embrasse, mon ami. — Michel Chevalier. »

P.-S. » Le Père m'apporte une lettre pour les missionnaires. Je vous prie de la leur faire parvenir. »

Voici cette lettre remarquable, et dont Enfantin a signalé lui-même l'importance dans une note [1].

---

1. « Très-bonne à lire non-seulement comme renseignement sur l'histoire de la famille, mais comme inspiration à la vie pacifique pratique, à la *politique* apostolique.

» A propos de cette lettre qui paraît contradictoire avec les événements postérieurs, quand on prend à la lettre le rôle indiqué à chaque personne et les distances de temps assignées pour les événements, il est bon de signaler cette objection qui m'a été si souvent faite par les dissidents et ailleurs sur mes illusions et erreurs prophétiques. Il est bien certain que si j'avais eu moi-même le sentiment de la vérité *absolue* de ma parole, j'aurais eu souvent, et presque toujours même, des désappointements pénibles; mais notre *vie commune* s'est-elle toujours déroulée selon les prophéties? C'est là l'important; et ce n'est même pas une preuve suffisante de la vérité providentielle attachée à la prophétie, car notre vie apostolique tout entière n'est elle-même qu'un symbole *prophétique* de la vie à venir de l'humanité entière; et souvent des inspirations que Dieu nous a données et que nous avons reçues et dû recevoir comme applicables à notre vie d'a-

« Mes chers enfants, je vous ai promis de vous écrire plus longuement dès que notre mouvement actuel serait plus positivement arrêté. Nous y voici.

» Depuis six mois le monde a fait beaucoup de bruit de sa politique théorique, nous n'avons rien dit et écrit de la nôtre ; *le Globe* avait assez fait, ainsi que nos prédications et enseignements, sous ce rapport ; le monde va déployer sa politique PRATIQUE, réélections, convocations, lois, etc., etc., nous devons lui montrer la NÔTRE. C'est donc notre face *politique* qu'il faut lui faire voir, c'est-à-dire que nous devons lui faire sentir et toucher l'*instrument pacifique* qui est en nous, et lui expliquer ainsi les *théories* politiques que nous lui avons données, et dont il s'est déjà quelque peu emparé ; il comprendra alors que c'est, sous l'inspiration pacifique de notre foi, qu'il est possible de constituer ce que déjà il a trouvé bon dans notre économie politique.

pôtre, n'ont pourtant été jetées par Dieu dans la morale apostolique que pour être mises au jour par d'autres que nous sur leur véritable échelle, ou plutôt encore par nous-mêmes, mais nous-mêmes *transformés* et imbus des souvenirs d'une vie antérieure toute prophétique, c'est-à-dire de notre vie *actuelle*.

» Là du moins se trouve l'*inspiration* générale des actes de l'apôtre, et non le *tableau*, fait à l'avance, de ces actes.

» *Sainte-Pélagie*, 25 janvier 1833. »

» Je le répète, il s'agit donc pour nous d'entrer dans la voie politique pratique ; et il est temps, car le gâchis se complique terriblement en France, même dans toute l'Europe, et je peux dire aussi en Orient et en Amérique.

» C'est par le *culte* et par le *nombre* (j'entends le nombre d'hommes et de femmes, la masse et non quelques individus, car il n'y a pas de *culte* sans *peuple*), que nous devons agir. Le costume et les chants porté et répétés par un grand nombre, voici notre moyen d'action.

» Une partie de la famille aura donc mission de propager notre *costume* et nos *chants* comme nous propagions autrefois nos *idées*.

» L'autre portion, groupée autour de moi, mettra l'*ordre* et la *justice* là où les autres auront porté la multiplicité, l'activité, et par conséquent aussi un peu de désordre et d'irrégularité. La famille se divisera donc ainsi :

AUTOUR DE MOI.		AUTOUR DE D'EICHTHAL ET DUVEYRIER en deux bandes.	
MICHEL.	BARRAULT.	DUVEYRIER.	D'EICHTHAL.
LAMBERT.	HOLSTEIN.	JUSTUS.	DESLOGES.
OLLIVIER.	RIGAUD.	RAYMOND.	ROUSSEAU.
SIMON.	DUGUET.	MACHEREAU.	PENNEKÈRE.
ROCHETTE.	TOURNEUX.	POUYAT.	DESESSART.
PETIT.	TOCHÉ.	RETOURET.	TERSON.
EUGÈNE (Hu-mann).	CAYOL.	CHEVALIER (A.)	BROËT.
		URBAIN.	BERTRAND.
		MASSOL.	

» Rogé habitera avec Fournel rue Monsigny, David habitera près de moi, mais il participera au mouvement de liberté que je donne aux deux troupes de Duveyrier et d'Eichthal.

» Ces quatre divisions sont importantes à méditer par vous, elles vous rendront raison complète du mouvement actuel.

» Notre costume actuel va être introduit par l'armée *légère* dans le peuple, avec toute la diversité de couleurs et de signes qu'on voudra, évitant toutefois, sous l'inspiration des chefs et probablement d'une espèce de conseil de discipline, ce qui pourrait être ridicule et choquant, mais d'ailleurs soumettant le tout au contrôle de revues fréquentes passées par moi, afin de conserver le caractère d'UNITÉ dans cette DIVERSITÉ. Tous porteront leur nom écrit sur la poitrine ; ce qui fut un signe de distinction pour vous, deviendra ainsi un gage de conduite, une garantie de moralité.

» Nous-mêmes avons l'intention de modifier assez largement notre costume dans ses couleurs, et aussi par le vêtement dont l'hiver nous forcera de le couvrir. Il aura un double caractère que vous apprécierez d'après les deux listes des enfants qui restent près de moi.

» L'état-major qui reste près du Père est, vous

le voyez, assez imposant pour que nos revues soient bonnes, et tous ces costumes divers qui viendront se grouper auprès feront un bel effet.

» Déjà, dans une première réunion improvisée dimanche dernier, trente personnes ont déclaré vouloir porter le costume, dimanche plusieurs seront prêts ; tous nos néophytes l'ont déjà revêtu. Dans une quinzaine, je suis certain de plus de cent. Les chants marcheront en même temps.

» Les réunions des apôtres *légers* avec ce peuple de fidèles prendront le plus vite possible le caractère de fêtes, et surtout de fêtes *dramatiques,* de spectacles, ce sera pour nous la forme des prédications adaptées au mouvement actuel. De là, nos pièces auront un caractère plutôt *prophétique* que *traditionnel*, de là aussi une excitation pour tous les artistes qui comprendront la puissance de cette innovation dans l'art ; or, c'est sur elle que je fonde la force de notre enseignement actuel.

» Costume, chant, drame, voilà donc l'instrument de notre politique pacifique, qui fera diversion aux interminables débats qui divisent la société. Les artistes, le peuple, les femmes, voici nos auditoires, nos fidèles. Nous avons autrefois fait de la politique par la presse, nous en ferons par le théâtre, car la *presse* et le *théâtre* sont les deux puissances du *dogme* et du *culte*.

» Quand nous aurons trois cents hommes habillés, mêlés avec des femmes, portant des signes, et que cette masse chantera comme les chœurs de la Grèce autour de prophètes racontant l'avenir du peuple; de la femme et de l'art, il n'y aura pas d'âme forte qui ne s'ébranle et qui ne soit prête à répéter un *amen*.

» L'exemple de Ribes m'a conduit à dispenser de la loi de célibat quelques-uns de mes enfants, et même à donner pour ainsi dire, à tous ceux qui vont me quitter pour se mêler au peuple, une grande liberté à cet égard, pourvu toutefois qu'un signe distingue ceux qui garderont comme nous ce vœu, et que rien de ce qui se fera sous ce rapport ne porte un caractère d'individualisme et de mystère qui conduirait quelques-uns, les plus faibles, au désordre. Un très-petit nombre d'ailleurs usera de cette liberté; tous sentent bien que ce n'est pas un moyen de puissance pour eux et pour la femme, du moins dans presque tous les cas, et qu'ils se mettraient ainsi un fardeau bientôt insupportable sur les épaules; chez presque tous enfin ce sera plutôt, comme dit saint Thomas,

œuvre médicinale pour eux et pour la femme. —
Je n'ai pas besoin d'ajouter que sous ce rapport,
il n'y a rien de changé pour ceux qui m'entourent.

» Mes chers enfants, voici de grandes choses
qui se préparent, annoncez-les, et servez-vous surtout du moyen suivant pour vous faire comprendre.

» A toutes les grandes époques de l'humanité,
lorsqu'elle est lasse de tourner dans des cercles
sans issue, et qu'elle est prête à prendre la tangente, il vient un moment où il s'élève, de lieux et
d'hommes inconnus jusque-là, des voix qui remuent
le monde. Dans les romans puritains de Walter
Scott on voit des soldats monter en chaire, des
prêtres porter le mousquet, des folles prophétiser.
Dans notre révolution de 93, la borne était une
tribune; quand Napoléon revint de l'île d'Elbe, à
peine avait-il frappé du pied la France, qu'il ne
s'agissait plus ni de *chambres*, ni de ministère, ni
de charte, ni de discours; quand Charles X fut
chassé, depuis six mois on jouait sur les théâtres
l'émeute triomphante, *Guillaume Tell,* la *Muette,
Marino Faliero,* etc.; avant la mort de Louis XVI,
l'*Ami des lois,* et, je crois, *les Visitandines;*
plus tard, les *Victimes cloîtrées* et *Charles IX;*

à l'époque de la fronde, la puissance sortait des lieux où on ne croyait pas l'avoir semée; dans tous ces temps enfin comme aujourd'hui, on devait s'attendre à voir surgir des centres de vie tout nouveaux, et puissants même de toute cette volonté. Or le moment est venu où les niais seuls encore l'attendent dans l'émeute, et enfin où les aveugles l'attendent d'Holyrood; voici les trois partis politiques, et dans ces trois partis les hommes forts savent bien que Dieu va créer du neuf. Eh bien ! cherchez dans votre imagination des formes pour faire facilement comprendre le mouvement que produiraient aujourd'hui les faits d'art, de poésie, de religion, qui viendraient d'abord faire diverger les cœurs des routes battues, et qui les séduiraient par des émotions vives. A tout homme qui a du cœur, parlez de ces réunions d'hommes, de femmes et d'enfants; au milieu de cette société couverte d'une enveloppe bourgeoise, de cette société muette comme une charte, parlez de ces réunions pleines de vie pacifique, animées par des chants, des costumes et des scènes; faites lever du milieu d'elles un poëte à la parole et à la face puissantes, acteur comme Talma, tribun comme Danton, mais avant tout bon comme un vrai prêtre de la foi nouvelle, et alors, que cette voix de peuple lui réponde et l'excite, que ces couleurs jetées sur les vêtements de tous s'agitent et dansent autour de lui, que de prodigieux *vivat* frappent l'air et appellent la vie pour tous, la paix pour tous, l'amour pour tous !

» Ceux que vous aurez ainsi prêchés pourront alors retourner un peu froids aux discours de M. Thiers et de M. Odilon-Barrot.

» Nous voici enfin arrivés, mes chers enfants, à la phase d'*action*. Pour y entrer il a fallu nous soumettre tous, mais surtout quelques-uns d'entre nous, à une vie de *patience* qui nous était nécessaire pour apporter dans notre vie actuelle le CALME qui convient à des apôtres; la famille est bien prête, elle peut marcher sans danger, les plus légers ont mis du plomb dans leurs têtes, et l'état-major s'est mis des ailes aux pieds et quelques durillons aux mains. Nous serons en bonne position à l'époque de l'ouverture des chambres, quel que soit le résultat du procès en cassation, quelle que soit même l'animosité gouvernementale que puisse exciter contre nous l'entrée de Humann au milieu de nous. Vous pouvez l'annoncer à nos enfants et les préparer à voir bientôt parmi nous des apôtres qui viendront installer ce que nous aurons fait à Paris,

» La famille est en bonne santé, très-animée, belle et bonne. Le Père est content et vous embrasse. »   P. ENFANTIN.

Le fils de M. Humann, ministre des finances, venait en effet d'entrer dans la famille saint-simonienne et de s'installer à l'hôtel de la rue Monsigny, après une longue correspondance dont nous ne citerons qu'une lettre, écrite au moment des premières persécutions contre les saint-simoniens, et adressée par lui, de Strasbourg, à Michel Chevalier.

« Mon Père,

» En lisant dans le *Globe* la relation de la persécution dont notre Père Enfantin a été l'objet, j'ai éprouvé une vive douleur et ressenti une irritation profonde. C'était là un premier mouvement qui céda bientôt à la ferme assurance que ces rigueurs d'un pouvoir aveuglé, et qui, à force de violence, cherche à s'étourdir lui-même sur le mouvement fatal qui l'entraîne, seront pour la religion saint-simonienne l'occasion d'un grand progrès et imprimeront plus fortement dans nos œuvres l'amour que nous saint-simoniens nous portons à notre Père suprême. Cher Père, je ne puis rester plus longtemps dans l'état de juste-milieu entre une société nouvelle et une vieille société où j'ai langui depuis huit mois. Je veux ma part des mépris et

des vexations auxquels les apôtres de l'évan-
gile nouveau sont en butte. Le 9 février au plus
tard, je serai près de vous, et je viens prendre
place à vos côtés, non plus comme un amateur,
mais comme un ami, un fils dévoué, vous deman-
dant une tâche dans l'œuvre que vous accomplis-
sez, et l'appui de votre force à la faiblesse de mon
caractère. J'ai besoin d'être retrempé à la source
où vous puisez vos inspirations; j'ai besoin de
vivre au milieu des ouvriers à l'âme si énergique,
au cœur si chaud, j'ai besoin d'avoir un but pour
mon activité, et en est-il un plus grand et plus ca-
pable de soutenir mon ardeur, que de travailler à
l'avenir de l'humanité entière, et moi, un de ses
fils privilégiés, de me vouer à l'amélioration du
sort de mes frères moins heureux que moi. Père,
mon oisiveté me fait rougir. A vingt-quatre ans,
être encore où j'en suis. Laisser s'éteindre en quelque sorte, par l'absence de toute pratique, les sentiments chaleureux qui brûlent dans mon cœur.
Père, laisser s'éteindre ce feu sacré, c'est se laisser
mourir; les PP. Simon et Ollivier, la bonne lettre
que vous m'avez écrite, ce qui s'est passé à la rue
Monsigny, voilà autant de messagers et d'avertisse-
ments que la Providence m'a envoyés pour me rappeler à ce que je me dois, à ce que je dois à l'huma-

nité, à Dieu. Je m'arrache à ce lent suicide auquel je semblais me condamner. Recevez-moi dans vos bras, réchauffez mon courage, que chaque jour rende plus vrai le nom de Père que je vous ai donné.

» L'acte brutal du pouvoir à votre égard prouve que les sympathies pour les saint-simoniens sont peu vives, et je ne crois pas que je puisse rester plus longtemps au conseil d'État. Je dépouillerai avec plaisir l'habit brodé des ponts et chaussées. Que ma démission me soit demandée ou que je l'offre, je mettrai dans cette démarche pacifique tous les ménagements et le calme convenable, et, à cet égard, je vous demanderai de m'aider de vos conseils. Un nouveau motif exige que je prenne définitivement une position nette au sein de la famille saint-simonienne. Le caractère indécis que j'ai conservé jusqu'ici fait que plusieurs personnes répandent ici le bruit que je ne suis pas saint-simonien et prétendent que vous m'avez dit d'être des vôtres pour favoriser l'œuvre du prosélytisme. A Strasbourg, mademoiselle Sch.......... a été raillée à ce sujet dans une société où l'on n'a pas craint, à propos des théories morales du P. Enfantin, de faire rougir une jeune fille de dix-neuf ans, par toutes les allusions et les mots à double entente qui pouvaient retracer la vie d'une prostituée. C'est donc pour moi affaire d'honneur autant que de conviction, que de me déclarer franchement saint-simonien.

» Nous causerons ensemble plus au long de tout ce qui me concerne dès que je vous aurai rejoint.

» J'embrasse avec force la bannière du P. Enfantin. Dès mon arrivée, je lui demanderai qu'il me serre dans ses bras, et puis j'irai droit au travail, prendre mon rang, ma fonction, là où me placera ma capacité. Avant l'arrivée des PP. Simon et Ollivier j'avais déjà cessé d'être arrêté par les exigences mésopotamiques de B..... Leur séjour ici a entièrement dissipé mes doutes et ravivé ma foi.

» Bientôt, Père, je serai près de vous, uni à vous d'un lien plus fort que jamais et désireux de faire oublier à notre Père suprême la persécution qu'il subit, par un dévouement plein et entier à la cause sainte dont il est le représentant. Rappelez-moi à la tendresse du P. Talabot, et conservez-moi la vôtre. »

Le jeune Humann, après de longues et dures épreuves que l'inflexibilité de son père lui fit subir et qui ne purent ébranler sa foi, était enfin venu prendre sa place au foyer doctrinal. Il ne la garda pas longtemps. Le lendemain, si ce n'est le jour même, sa famille fit des démarches pour le faire

mettre dans une maison de santé. Nous croyons
devoir insérer ici la pièce qui constate le soin que
prit Enfantin de dégager sa responsabilité devant
le monde dans cette grave mesure.

Déclaration des frères d'Eugène Humann.

« Ménilmontant, 26 octobre 1832.

» Nous soussignés, Jules et Edmond Humann,
accompagnés de MM. Nicolas-Joseph Denis et Rouget Saint-Pierre, docteurs médecins, nous nous
sommes présentés à la maison du Père Enfantin, à
l'effet de transporter notre frère Eugène Humann
dans une maison de santé. Le Père Enfantin, représenté par Michel Chevalier et Léon Simon, nous a
demandé que nous reconnussions qu'il avait de toutes
manières exprimé le désir de connaître à cet égard,
verbalement ou par écrit, la volonté du chef de
notre famille, de notre père, et que ce n'est que sur
nos instances réitérées, sur l'avis des médecins
soussignés, et sur la déclaration que nous faisons
ici, qu'en réclamant ainsi Eugène, nous obéissions
à la volonté expresse de notre père, qu'il a con-
senti à ce qu'Eugène fût transporté.

» Nous reconnaissons en effet :

» 1º Que c'est par l'ordre exprès de notre père
que nous agissons.

» 2° Que le Père Enfantin n'a voulu se rendre à notre désir qu'après que nous lui en avons donné l'assurance, et qu'après que tous les médecins présents ont unanimement déclaré que l'isolement momentané d'Eugène de l'une et l'autre famille était la condition indispensable de son rétablissement.

» *Signé* : Jules Humann, Edmond Humann, Léon Simon, Michel Chevalier, Rouget Saint-Pierre, Denis, Ferrus.

» Cette déclaration, a dit Enfantin, dans une note, fut rédigée par moi, Michel et Simon, dans le jardin où tous deux étaient venus m'annoncer l'intention positive de la famille d'Eugène de l'enlever. Pendant toute cette consultation des médecins, qui a duré trois heures, j'en attendis le résultat en me promenant au jardin.

» La pièce originale est aux archives.

» *Sainte-Pélagie*, 25 janvier 1833.

» P. ENFANTIN. »

Ce même jour, 26 octobre 1832, Enfantin écrivit à son père :

« Tu apprendras sans doute bientôt, et ceci est en effet une vive douleur pour nous, que ce pauvre Humann, dont je parlais dans ma dernière lettre à Thérèse, n'a pas pu supporter l'état violent dans lequel sa famille l'a placé depuis un an, pour le

forcer de s'éloigner de nous, et qu'il en est tombé
très-gravement malade. Sa tête est frappée dange-
reusement. Ceci n'a pas fait encore éclat, sa famille tenant à le laisser ignorer, car tout retombe-
rait sur une inflexibilité exagérée, dont nous avons
des preuves écrites qui sont irrécusables; mais cela
se saura inévitablement bientôt, et probablement
bien des indignités seront dites à ce sujet contre
nous, qui te feront souffrir si tu ne vois pas enfin
que là est ma destinée, et si tu n'en prends pas une
bonne fois ton parti, en disant :— C'est son goût, c'est
sa folie, il espère, espérons comme lui, nous souf-
frirons tous deux l'un par l'autre, et c'est vraiment
absurde quand on s'aime comme nous nous aimons. — Toi qui aimes si souvent à dire à ceux qui
amassent et vivent largement : *la camarde viendra;* tu devrais prendre la vie plus philosophique-
ment que tu ne le fais. Pour moi je te réponds que
malgré les douleurs qui sont attachées à ma vie, et
parmi elles je compte en *première ligne* tes inquiétudes, je ne changerais ni avec Bégé, ni avec
Rothschild; mais je pourrais vraiment me dire heureux, le jour où je te verrais plus calme sur ce qui
me concerne. Voilà bien longtemps que j'espère arriver à ce résultat avec toi, que cette pensée me
tourmente. Père, délivre-moi et délivre-toi de cette

cause de souffrance qui serait plus puissante à
Paris qu'à Romans. Je sais bien qu'on ne se com-
mande pas ces choses-là et qu'on n'est pas libre de
ne pas avoir d'inquiétudes là même où d'autres
n'en éprouvent point : je te demande encore moins
de dissimuler celle que tu ressens, tu en souffrirais
davantage et moi aussi ; mais comme les inquiétudes que tu te forges tiennent à ce que tu désire-
rais me voir une autre existence que celle que j'ai
et que pour moi toute autre existence serait l'a-
néantissement, passe-moi ma folie, certain que tu
es de pouvoir me donner toujours un morceau de
pain. Tu sais bien que la fortune n'est pas le bonheur, puisque tu le dis toi-même à Augustine, et
que tu nous as toujours montré par ton exemple,
qu'on pouvait vivre avec peu de choses. Sous ce
rapport, je t'assure que notre vie ici est une application sévère de tes principes ; nous dépensons
excessivement peu, et nous nous sommes faits à
supporter toutes espèces de privations, c'est encore
là un de tes principes.

» Passons à autre chose.

» La *Gazette de France* nous fait la cour, et,
pour peu que cela continue, il y a des nigauds qui
diront bientôt que nous sommes vendus à Holy-
Rood. Il est vrai que d'un autre côté, la *Tribune*

fourre nos idées accommodées à la cause républicaine. Le peuple à Paris, depuis le jugement, est plus respectueux envers nous; les cris sont très-rares contre notre habit; je ne sais encore quelle sera la date du pourvoi en cassation, il est très-possible que nous le perdions, malgré le droit évident; mais, tu es, j'espère, préparé à ce résultat; et je t'assure que quelque temps de prison ne m'irait pas mal du tout; je serais certain de faire par là plus de pas, dans beaucoup d'esprits, que par tout autre moyen; et d'ailleurs, j'y serais avec Michel et Duveyrier; à nous trois, nous avons beaucoup à écrire, surtout pendant la tenue des chambres.

» La politique se gâche tous les jours davantage, une crise approche qui, j'espère, ne sera pas sanglante comme en 93 ou en 1830; mais les esprits travaillent trop pour qu'on n'en vienne pas à quelque grand mouvement. Je ne sais si la duchesse est réellement en France; je ne le crois pas, car je crois que son parti ne la suppose en France que pour maintenir l'éveil sur sa cause; mais si elle y est encore, et si on la prend, il y aura là un grand embarras pour le gouvernement, dont il ne se tirera pas; et ce sera une belle occasion pour l'abolition de la peine de mort, et pour la part que les femmes devront prendre à cette large révolution dans la législation.

» P. ENFANTIN. »

Le 28, Michel Chevalier reprend de nouveau la plume pour écrire à Arlès ; il lui dit :

« Mon cher Arlès, nous avons de bonnes nouvelles des missionnaires. Vous devez en avoir aussi ; mais nous n'en avons pas de Cognat, et c'est inquiétant. Il faudrait que Derrion ne manquât pas d'écrire sur la santé de son excellent frère.

» Il faut que vous ayez la bonté de veiller au procès entamé contre Derrion. Il me paraît impossible que le parquet l'abandonne. Vous sentez qu'il y aura un bon parti à tirer d'un bon procès en cour d'assises. La parole de Duveyrier, ou celle de Barrault, ferait à Lyon une sensation vive : si le procureur du roi tient à ce qu'on les entende chez vous, merci, grand merci ; on n'est pas plus prévenant.

» Vous savez l'entrée d'Eugène Humann ici ; mais il était trop tard ! La compression exercée sur lui par son père lui avait fait un mal affreux. Entré à Ménilmontant, il s'est produit en lui une réaction effroyable, c'est comme la chaudière à vapeur trop chauffée, dont la rondelle se fond.

Deux jours après son admission, il est tombé dans un horrible délire, et, à la suite d'explications très-vives que j'ai eues avec sa famille, par l'ordre du Père, le voilà chez Esquirol. Quelle sera la conclusion de tout ceci? je crois le mal très-remédiable. Il était fatigué du voyage de Naples, fait tout d'une trotte. Il avait passé trois nuits sans dormir; son père aurait refusé de le voir; autant de circonstances aggravantes. Mais ne soyez pas étonné, si, d'ici à quelques jours, vous nous voyez porter un solennel blâme sur les pères dont l'inflexibilité peut être fatale à leurs fils. Le PÈRE de la famille nouvelle a dit que lui aussi prétendait juger la moralité des hommes. Il ne dit rien en vain. Ma correspondance avec Humann, dont les lettres étaient si bonnes et si douloureuses, est peut-être destinée à voir le jour. Ce sera une sévère leçon pour les pères de la famille antique.

» Les voltigeurs ont quitté Ménilmontant. Il ne reste plus que les torys; mais, pour bien faire, il faudrait que nous n'eussions plus sur la tête ce procès en cassation; or, les chances de condamnation ou de rejet augmentent : figurez-vous tout ce que vont dire les gens de vieille roche et les innombrables bavards, quand ils sauront l'affaire d'Humann. Tout cela aura de l'écho parmi les conseillers en cassation, à moins que l'affaire ne reste secrète; ce à quoi nous ne tenons pas du tout, car, je le répète, il y a là un enseignement immense.

» Vous avez dû recevoir deux médaillons du Père. M. Caunois ne les vend que 2 fr. à Paris, et 3 fr. emballés.

» Il faudrait bien qu'ils se répandissent. — Vous recevrez également un ballot du procès. — Le deuxième procès aura le dessin du médaillon Caunois. — Hoart et Bruneau nous laissent ici dans l'ignorance de leur itinéraire.

» MICHEL CHEVALIER. »

Ménilmontant perdait ses *voltigeurs*, comme les appelait Michel Chevalier, et les *torys* qui restaient n'étaient pas loin d'en sortir. Le temps ne faisait que rendre chaque jour plus manifeste le caractère essentiellement provisoire d'un apostolat cénobitique, mâle et célibataire, dont la mission devait être d'enseigner en tout lieu et au nom de Dieu, *père et mère,* vivant et se sentant vivre dans la matière comme dans l'esprit, la fraternité universelle, l'égalité de l'homme et de la femme, le classement selon la capacité, la rétribution suivant les œuvres, l'amélioration morale, l'élévation intellectuelle et le bien-être matériel de TOUS et de

TOUTES, et notamment de *la classe la plus nom-breuse et la plus pauvre*.

Le 3 novembre, d'Eichthal, le *représentant de la sainte persécution du supérieur par l'infé-rieur*, adressa au Père suprême et lut dans une réunion de la famille cette vive interpellation :

« Tu n'as pas compris, ô Père, *l'inspiration de tes fils* qui s'éloignaient de toi, cela *devait être*.

» Tu n'as pas, pour eux non plus, deviné *l'œuvre du moment*, cela *devait être*.

» Il faut qu'il naisse au cœur de tes enfants, et au sein du monde, des choses que ta *prévision* ne peut embrasser ; car autrement Dieu serait *homme seulement*, or il est HOMME ET FEMME. Tu nous as souvent dit ces choses, nous les avons ap-prises de toi, et cependant lorsque le moment est venu de les appliquer, ton cœur s'est troublé.

» Tu as cru qu'il s'agissait de TE *faire un peuple*, un peuple pour TOI ; cela n'est pas. L'œuvre d'aujourd'hui, c'est de toucher le monde, pour que naisse *immédiatement l'apostolat fémi-nin ;* car il est prêt à naître.

» Tu as rêvé un *costume* qui ne fût pas donné par des FEMMES ; un *lien apostolique* qui ne serait pas cimenté par des FEMMES ; ils ne peuvent pas daparaître.

» Nous avons aujourd'hui à passionner le monde, non pour TOI, mais pour celle qui viendra ; c'est pour ELLE, non pour TOI, que nous ferons un peuple ; mais ELLE TE l'amènera.

» C'est au nom d'un nouvel être mystique, que nous devons répandre à travers la France l'ardeur d'une *révolution* nouvelle. Comme on criait, *liberté, fraternité*, on criera, *le peuple et les femmes*, et comme on adorait la *déesse Raison* on adorera le *Messie femme*.

» Toi-même, hier, le disais : Il nous faut nos Couthon, nos Robespierre, nos Saint-Just ; il nous faut nos jacobins, et surtout nos tricoteuses. Mais pour que les cent têtes du peuple se montrent, il faut que le chef cache la sienne.

» Ainsi que Charles le disait hier, je crois que la RELIGION et la POLITIQUE te commandent de déclarer, à la face du monde, qu'en l'absence de la femme, tu repousses pour toi toute intervention politique. Si ce n'était la conscience, le calcul te le commanderait.

» N'espère pas garder autour de toi le groupe d'hommes qui y est rangé aujourd'hui ; la puissance des *femmes* te les enlèvera tous successivement, tu resteras seul avec Holstein et peut-être avec Rigaud. De même que tu ne peux rien réaliser, ni en morale ni en politique, *sans la femme*, tu ne peux non plus réaliser une famille; il faut qu'*elle te trouve seul*. — G. d'EICHTHAL »

Enfantin, en copiant cette hardie prédiction, si dure dans l'expression, y ajouta cette *note* :

« Toute cette prophétie de d'Eichthal est d'une *forme* très-mauvaise, toutefois elle eut le mérite de provoquer une solution vigoureuse de la part de plusieurs qui avaient besoin de ce choc, donné par d'Eichthal, pour songer sérieusement à choisir d'avance leur direction. Elle est d'ailleurs l'expression d'un sentiment d'*émancipation* du fils, devenu majeur, qu'il était bon d'exprimer, soit pour la donner à plusieurs qui l'ignoraient, soit pour faciliter à plusieurs qui l'éprouvaient, le moyen de la formuler pour eux-mêmes et pour tous.

» P. ENFANTIN. »

D'Eichthal et Duveyrier quittèrent Ménilmontant le même jour, 3 novembre.

Le 4 novembre, d'Eichthal voulut revoir sa déclaration pour y ajouter de sa main, et signer avec Duveyrier, la ligne suivante :

« *Je ne douterai jamais de l'œuvre du Père.* »

Cette déclaration, nouvel acte de foi, atténuait grandement la rudesse et l'amertume de la prophétie. Il eût été pénible de penser que les disciples

qui avaient paru les admirateurs les plus enthou-
siastes et les disciples les plus chéris d'Enfantin, en
fussent venus à désavouer son œuvre. Mais la parole de d'Eichthal, comme justification préalable de
sa rentrée dans le monde, n'avait point et ne pouvait avoir ce caractère. Enfantin, comprenant que
son œuvre allait nécessairement subir une transformation, et annonçant que la phase nouvelle exigerait des *jacobins* et des *tricoteuses*, il était naturel que les *torys*, selon l'expression de Michel
Chevalier, songeassent à se retirer de l'apostolat
régulier pour se renfermer dans la propagande sé-
culière de leur croyance. Mais cette retraite, suivie
de l'exclusion formelle et irrévocable du doute sur
l'œuvre du Père, maintenait par cela même la communion doctrinale entre le maître et les disciples
sur tous les points du *credo* primitif, et ne permet-
tait pas surtout de supposer que d'Eichthal, en disant à Enfantin qu'il ne pouvait *rien réaliser, ni en
morale ni en politique, sans la femme*, eût voulu
ainsi le réduire à l'impossibilité absolue d'agir,
c'est-à-dire à la nécessité d'abandonner son œuvre.

Certainement, tant que la révélation de la femme
nouvelle manquait à l'homme nouveau, la formation du *modèle* de la société saint-simonienne se
trouvait forcément ajournée. Enfantin l'avait pro-

clamé comme Bazard ; c'était senti et compris par
tout le monde ; mais tout le monde reconnaissait
aussi que cet ajournement, s'il nécessitait des chan-
géments dans la forme de l'apostolat, dans les modes
et les moyens de propagation, ne changeait rien à
la nature, à la vérité, à la fécondité religieuse et
philanthropique des idées à propager, et ne pouvait par conséquent, en aucune manière, impliquer
l'inaction complète des croyants et l'abandon de
l'apostolat lui-même.

Le christianisme eût accompli bien vite ses destinées, si les premiers apôtres et les premiers pères
eussent reculé, s'ils se fussent arrêtés devant l'impossibilité de réaliser complétement leur doctrine,
devant des lacunes et des imperfections qui devaient
se perpétuer et être débattues à travers dix-huit
siècles de grands et petits conciles. Mais ils n'at-
tendirent pas pour enseigner l'égalité des hommes
devant Dieu, que les hommes l'eussent proclamée
eux-mêmes devant la loi. Ils prêchèrent la fraternité aux maîtres et aux esclaves, et ils travaillèrent
ainsi à l'abolition graduelle de la servitude, les
yeux fixés vers leur idéal, sans se laisser décourager
par la difficulté de donner immédiatement une réalisation parfaite aux promesses libérales contenues
dans leur dogme. Les esclaves se trouvèrent heu-

reux d'avoir une place marquée dans le ciel, et ils se préparèrent dans l'Église à leur affranchissement dans l'État, sous l'empire même des législations qui consacraient l'esclavage. Les prêtres chrétiens ne crurent pas devoir cesser les évangéliques enseignements qui conduisaient à l'abolition du servage, parce qu'ils étaient obligés de vivre au milieu des serfs, d'en former le gros de leurs ouailles et d'en posséder eux-mêmes, sous la pression irrésistible du fait prédominant, l'entraînement féodal.

Les propagateurs du *nouveau christianisme* ne niaient pas non plus l'empire des circonstances. Tout en gardant leur entière confiance dans l'accomplissement de leurs hardies prévisions, ils se soumettaient aux conditions temporaires que les nécessités sociales imposaient à leurs actes apostoliques. Ils savaient bien que le nouvel édifice ne pouvait pas s'élever tout d'une pièce ; mais ils étaient pleinement convaincus, en même temps, que s'il ne leur était pas donné de faire le couronnement de cet édifice, il leur était commandé de le préparer et d'y travailler avec ardeur, avec foi, avec espoir. Fallait-il attendre la parole souveraine de la *femme Messie* pour continuer d'enseigner l'égalité conjugale des époux, pour persévérer à répandre partout, au nom de Dieu adoré dans son essence infinie et sous toutes ses faces, que le moment était venu de conformer de plus en plus l'ordre social à l'ordre divin et de faire monter la femme au rang de l'homme et le salarié à l'association? Ne valait-il pas mieux reconnaître que la femme Messie viendrait et parlerait d'autant plus vite que les apôtres saint-simoniens, par leur persévérance, parviendraient à faire accepter religieusement, par un plus grand nombre de femmes et un plus grand nombre de prolétaires, la doctrine de l'égalité des sexes et des conditions, combinée avec le classement selon la capacité et la rétribution suivant les œuvres?

C'est ce que pensa évidemment Enfantin obligé de se résigner à *l'attente*, quand, au milieu des symptômes croissants de la dissolution prochaine de la famille de Ménilmontant, il résolut néanmoins de maintenir l'apostolat régulier et costumé, pour le disséminer sur la surface du globe et l'appliquer aux missions et aux œuvres externes. Il prévoyait d'ailleurs que d'autres imiteraient d'Eichthal et Duveyrier, et reprendraient l'apostolat séculier et l'habit bourgeois.

Le 7 novembre, Massol, Rogé, Dumolard et Casimir furent envoyés en mission à Lyon. La famille saint-simonienne les accompagna jusqu'à

Saint-Mandé. Michel Chevalier rédigea, sur cette journée, un rapport dont nous extrayons ce qui suit :

« A dix heures, la famille était réunie hors la barrière du Trône. Elle a chanté plusieurs de ses chants, l'*Appel* et *Peuple fier, peuple fort*, etc. Tout à coup, le PÈRE, qui n'était pas attendu, a paru avec *Holstein*, venant du côté de Saint-Mandé. Toute la famille s'est portée aussitôt d'un côté de la route à l'autre, à sa rencontre, et a chanté le *salut*.

» Après le chant, le PÈRE a dit :

« Mes enfants,

» Lorsque le 6 juin nous avons pris notre habit » pacifique au bruit du canon de Paris et du ton- » nerre, je vous ai promis que nous viendrions visi- » ter ensemble cette route de Vincennes, où moi- » même j'avais tiré le canon, en 1814, avec *Hoart* » et *Bruneau* que vous allez rejoindre à Lyon. Nous » y voici aujourd'hui. J'ai voulu que cette route » même fût le point de départ de votre mission, » afin de mieux graver dans vos cœurs le senti- » ment de la vie nouvelle, de la vie pacifique que » je vous ai donnée, afin que vous qui allez vous » trouver bientôt au milieu de travailleurs qui souf- » frent et appellent un meilleur avenir qu'ils » ignorent, vous puissiez leur dire que votre PÈRE,

» comme eux, a cru autrefois qu'on pouvait obte-
» nir le bonheur, la gloire et la liberté par la force,
» la violence et la guerre, et qu'aujourd'hui il a foi
» et il vous enseigne que Dieu ne veut affranchir
» le travailleur qui souffre que par la douceur et la
» bonté qu'il a mises en nous. Dites-le à Lyon aux
» combattants du 21 novembre, à ceux qui ont
» écrit sur leur drapeau : « Vivre en travaillant, ou
» mourir en combattant.

  » Marchons ! »

» Arrivé à la hauteur de la route de Charonne,
le Père s'est arrêté et a dit : « Enfants, c'est sur
» cette route qu'était ma batterie en 1814. »

» La famille est entrée dans le bois par la porte
de la Tourelle, elle a suivi le mur du bois jusqu'à
la place du Bel-Air ; là, sur la pelouse, le Père a
fait arrêter la famille et former le cercle, dans lequel étaient *Michel* et *Barrault*. Il a appelé *Rogé*,
Massol, *Dumolard* et Casimir, et a chargé Michel
de remettre aux deux derniers leurs écharpes.

» *Michel* leur a dit : « Le Père me charge de
» vous remettre ces écharpes qu'il a portées. Arrê-
» tez-y souvent vos yeux. »

» Le Père : « Elles me viennent de mon frère.

» Je vous avais dit encore, le 6 juin, en vous
» montrant un enfant, Arthur, auquel je donnais

» solennellement devant DIEU, devant vous, ma
» paternité jusque-là ignorée, que je vous mène-
» rais aussi au lieu où, seul auprès de sa mère, je
» l'avais reçu de DIEU. Nous y sommes, c'est à
» Saint-Mandé, c'est pour toi surtout Massol, que
» je rappelle ce souvenir, car en ce jour il faut
» que je t'enfante; il faut que tu sois tout à fait
» homme, et que ta vie d'irrésolution cesse.

» Casimir et Dumolard, je vous ai donné l'é-
» charpe de mon frère; *Rogé,* tu portes déjà le
» manteau de mon frère; toi, *Massol,* je ne t'ai
» rien donné encore, tu auras aussi quelque chose
» de mon frère, car c'est le jour de la fraternité;
» prends ce couteau, il me vient de lui. Ce jour est
» à mon frère, c'est à cette époque que j'appris sa
» mort; ce jour, je le lui donne, en moi et en
» vous.

» Et pour le consacrer encore à la *fraternité,*
» j'ai voulu venir seul ici avec *Holstein* qui était
» seul avec moi lorsque je venais près d'Arthur et
» de sa mère, afin de placer devant vous le sym-
» bole du patronage fraternel qui doit vous unir et
» que je confie à la bonté de *Rogé; Massol,* Casi-
» mir et Dumolard, je donne Rogé à votre affec-
» tion, et je vous recommande à la sienne. » (Tous
trois lui serrent la main.)

« Michel me disait tout à l'heure, qu'au moment
» où nous envoyions vers le Midi notre petite armée
» pacifique, la guerre était sur le point d'éclater
» vers le Nord, et peut-être apprendrons-nous en
» effet, aujourd'hui même, que l'armée a passé la
» frontière; un jour on comprendra la véritable
» importance de ces deux armées; mais nous, nous
» savons dès aujourd'hui qu'il ne faut pas moins
» d'énergie et de courage pour être apôtre de la
» paix, pour apprendre aux hommes qu'ils sont
» frères, que pour les traiter en ennemis et leur
» faire la guerre; à Lyon vous trouverez vos deux
» pères, Hoart et Bruneau, qui ont fait leur double
» preuve sur les champs de bataille et de paix; ils
» vous guideront.

» Machereau, Desloges, Terson, à samedi, soyez
» prêts à partir. »

Machereau, Desloges, Terson et Maillard partirent en effet pour Lyon, le samedi 10 novembre.

Le lendemain de la promenade à Saint-Mandé,
Enfantin reçut de d'Eichthal la lettre suivante :

« Père suprême,

» J'ai repris l'habit bourgeois avec autant de
bonheur que je pris il y a six mois l'habit apostolique; je l'avais quitté *enfant*, je l'ai repris *homme;*
grâces à vous qui m'avez fait homme.

» Vous qui avez l'éternité en vous, vous aurez donné une larme aux caresses du fils qui cessent, comme j'ai donné des pleurs aux caresses du Père; mais vous savez qu'elles cessent pour autre chose, et vous savez qu'elles reviendront.

» J'ai taillé ma barbe, mais je la garde comme rattachement à vous; je suis superbe sous ma nouvelle redingote, elle me va à ravir; je l'ai trouvée toute faite chez le tailleur; je n'en ai pas essayé d'autres.

» Je vous dois le récit de mes actes accomplis, comme j'attends de votre ministre, autant que besoin sera, le récit des vôtres. Je commence.

» J'ai causé hier avec Cécile; elle m'a dit cette parole, que je vous transmets, après avoir été lui demander, à l'instant même, l'autorisation expresse de le faire. Lorsqu'elle apprit la retraite de Duveyrier et de moi, elle fut d'abord profondément affligée, puis elle s'écria : « Eh bien, quand il » n'y aura plus personne à Ménilmontant, nous irons. »

» Elle m'a demandé de lui communiquer ma dernière prophétie; j'ai répondu qu'il ne m'appartenait pas d'en disposer.

» Hier Flachat a fait de ma part des démarches auprès de ma famille; à six heures j'étais chez lui à l'attendre ; mon père, mon frère et lui sont venus me chercher et nous sommes allés tous ensemble dîner à la maison. Mon Père m'a dit : « Continue de rêver si tu veux, pourvu que je te voie, » il finira par me comprendre. Ma mère est bien moins avancée, mais je ne désespère pas : ma petite sœur est devenue une bonne jeune fille ; cela me fait une joie inexprimable. Un jeune orphelin polonais de trois ans et demi, Alfred, superbe enfant, égaye la maison ; mon frère est celui qui me comprend le moins ; cependant, il y a déjà dix jours, il avait commandé pour moi un habillement complet. Il part pour l'Italie dans peu de jours ; il veut m'emmener avec lui, je ne me sens pas appelé là.

» J'ai pensé que mon rapprochement de ma famille m'acheminerait vers quelques femmes auxquelles j'ai foi ; il me paraît que je ne me suis pas trompé.

» Michel vous a adressé deux jeunes peintres allemands qui l'avaient visité hier ; je le remercie de ce soin ; nous ne manquerons pas de faire de même à son égard. Cependant tant que nous n'aurons pas *nettement pris position*, il sera bien que Michel ne nous envoie que des hommes de choix : les autres n'y comprendraient rien, et nous feraient perdre notre temps.

» Je vais écrire à Hoart, et vous adresserai la lettre.

» Père, je vous salue.

» *P.-S.* Savez-vous que le 4 novembre, saint Charles, jour de notre séparation, est l'anniversaire du jour où Rodrigues vous proclama *seul* chef, et où Claire entraîna Bazard hors du collége. C'est aussi le jour où les flottes combinées d'Angleterre et de France ont quitté Spithead. »

Enfantin répondit aussitôt (le 9 novembre) :

« Maintenant je peux t'écrire, Gustave : tu es près du *vieux* Père ; la *ligne* est prise, tout sera *conséquence* de cette FORMULE. L'HOMME, qui raisonne jusqu'ici plus que la femme, voit donc bien aujourd'hui ta place ; tu as quitté le *vague* de ta prophétie, pour prendre ta FORME, derrière le *nuage* que tu avais mis entre nous, et que j'ai percé avec ma bonne *vrille* Lambert, j'aime mieux dire mon *villebrequin*, car le nuage était épais.

» Tu es près du *vieux* Père ; merci à Lambert, merci à Stéphane.

» Malgré la puissance et la joie qui sont dans la femme, rappelle-toi bien qu'en son absence elles sont nulles pour celui qui n'a ni PÈRE ni FRÈRE ; tu quittais notre paternité et notre fraternité, tu devais souffrir et pleurer, jusqu'au moment où moi et tes frères nous t'aurions ramené au bercail primitif. Tu y es, je t'embrasse mystiquement, et je te rends grâces de m'avoir mis à même de faire pour toi, pour Charles, pour d'autres peut-être, ce que je *devais* faire.

» Malgré ton amour tout particulier (aujourd'hui du moins) pour l'*imprévu*, pour l'*incalculé*, l'*irrationnel*, rappelle-toi bien encore ce que je t'ai dit plus haut : tout sera *conséquence* de ta *formule* nouvelle. Rodrigues est sur cette route, je ne sais à quelle place, mais il y est; rappelle-toi-le. Moi qui vais aussi revoir mon *vieux* Père, je ne suis pas comme toi, il me faut les DEUX, celui qui m'a donné la vie de la chair, et celui qui m'a donné la vie de l'esprit, car je n'ai pas de MÈRE.

» Tu as dû remercier Péreire de sa prophétie sur toi, elle était aussi orthodoxe que la tienne; ainsi en la dépouillant, par la forme que tu donneras à ton action de grâces, de ce qu'il y avait d'hérésie en elle, tu feras une bonne œuvre pour toi et pour lui.

» Dis à Charles, à son retour, qu'il me tarde de savoir comment s'est fait son voyage, lui qui, au rebours de toi, est compris par sa *mère* plus que par son *père*.

» Je ne crois pas que tu puisses faire d'autre

voyage que celui qui t'est proposé par ton frère ;
toute la question est donc de savoir si tu dois voyager ; question plus large que tu dois résoudre seul,
mais toutefois sur laquelle je peux te dire ma
pensée, quoiqu'elle soit vague. Je crois que tu dois
voyager ; l'Italie est belle pour qui va revoir ses
PÈRES, surtout pour celui qui n'est pas compris
par sa *mère*. — P. ENFANTIN. »

» *P.-S.* Je m'aperçois en relisant ta lettre, que
je te dois encore quelque chose ; car le retentisse-
ment de ton inconcevable prophétie (inconcevable
quant à la forme) te travaille encore trop, et t'empêche d'écouter ta *formule* nouvelle, celle qui comprend le *monde*, le *bourgeois*, le *passé*, le *vieux
Père Rodrigues*, etc., etc.

» Tu demandes que Michel ne t'envoie que des
hommes de choix ; j'ai été fâché qu'il t'ait envoyé ces
deux peintres, mais selon toute apparence nous n'aurons personne à vous envoyer, tout homme qui viendra là où je suis, c'est que *probablement* il cherche
la femme par l'*homme* et avec l'*homme ;* je ne parle
pas des mazettes qui n'ont à faire ni près de nous,
ni près de toi.

» Enfin en masse, plus je relis ta lettre, et plus
je sens qu'il sera bon que tu m'en écrives très-peu,
excessivement peu ; car j'y ai bien vu, par exem-

ple, que c'était de *ta part* que Flachat avait été chez ton père, mais je n'ai pas vu, en un seul endroit, que dans ta pensée je fusse pour quelque chose, directement ou même indirectement, dans ce rapprochement, ce qui me fait croire que tu prends trop à la lettre le commencement de ton épître, où tu me rends grâces d'avoir fait de l'enfant un *homme*. Gare, je te le répète, à ta prophétie qui m'annule dans ta vie; pour que tu le sentes mieux, et en même temps pour te rendre conséquent avec toi-même, je te prie, pour quelque temps, de m'annuler tout à fait. Rapporte-t'en un peu à moi. De même pour Charles, je le prie seulement de me dire s'il est, avec sa famille, dans les mêmes termes que toi avec la tienne; tu sais que je suis *logicien*, laisse-moi tirer les *conséquences*, et vous faire part de mes conclusions, quand bon me semblera. Je te recommande même de voir peu, très-peu Cécile et Aglaé, c'est toujours un peu ME voir, et le chef TE veut cacher sa tête, car ta prophétie est vraie pour TOI, si elle n'est pas vraie pour TOUS.

» Tout ceci n'empêche pas que tu feras très-bien, si tu peux faire que je fume des cigares de ton *Père*, bien entendu avec le consentement du propriétaire, et si tu montres ta barbe et ta redingote à mon *Père* qui aura besoin de les voir.

» P. ENFANTIN. »

Barthélemy Enfantin était arrivé ce jour-là à Paris. La lettre de d'Eichthal et de Duveyrier à Hoart est de la même date ; on y lit :

Paris, 9 novembre 1832.

« Frère, au nom de Duveyrier et au mien, j'ai à te faire part d'un événement grand pour nous deux, et, j'ose le dire, grand pour tous. Désormais une COMMUNION NOUVELLE nous lie au PÈRE, à sa famille, à toi.

» Notre foi dans la parole du Père nous a fait accomplir ce progrès, que, poussés d'ailleurs par la vocation particulière que Dieu nous a donnée, nous voulons coopérer directement, *non plus à l'œuvre du Père,* mais à l'œuvre de la FEMME ou des femmes, que le Père a annoncée.

» Car NOUS AVONS FOI qu'incessamment cette œuvre va apparaître, que peut-être même elle a déjà commencé, et nous croyons qu'il nous est donné, à nous spécialement, de la *rechercher,* de la *mettre en évidence,* de la *servir.*

» La liberté de la FEMME, dont nous nous faisons les *serviteurs,* exige qu'avant tout, nous fassions, pour le présent, le sacrifice de nos *relations filiales* avec le PÈRE ; à ce prix seulement les femmes auront foi en nous et dans le Père.

» Désormais donc nous sommes INDÉPENDANTS DU PÈRE ; nous allons au-devant de l'inspiration des FEMMES et de la MÈRE.

» Néanmoins NOUS AVONS FOI que l'œuvre de la FEMME, et par conséquent la nôtre, n'est possible qu'à la condition que le PÈRE continue la SIENNE.

» Le PÈRE a SANCTIONNÉ notre résolution nouvelle. Après que nous lui avons fait remettre nos ceintures, il a envoyé Lambert communier en son nom avec nous. Amour et gloire au PÈRE qui sait *élever* ses enfants avec une merveilleuse tendresse, et qui sait encore se réjouir lorsque pour eux l'heure de *l'émancipation* est venue. Amour et gloire à DIEU.

» Nous avons accompli un premier acte dans notre voie nouvelle ; nous nous sommes rapprochés de nos familles selon le sang, dont la retraite de Ménilmontant nous avait tenus momentanément éloignés ; nous avons été accueillis par elles avec tendresse.

» A toi, à Bruneau, et à tous ceux qui accomplissent avec vous, dans le Midi, la tâche laborieuse et rude de l'apostolat mâle, salut.

» Tes frères *Charles Duveyrier, Gustave d'Eichthal.* »

Le même jour, Enfantin, ému à la nouvelle de la trahison qui avait fait tomber la duchesse de Berry entre les mains des ministres de son oncle, adressa la supplique suivante à la reine des Français :

« REINE !

» Ma parole doit, en ce jour, frapper le trône où vous êtes assise, et où DIEU ne vous a placée que pour faire sa volonté.

» REINE ! DIEU ne vous a pas élevée où vous êtes, pour être seulement la MÈRE d'une illustre famille ; vous êtes REINE DES FRANÇAIS, vous êtes FEMME.

» Une FEMME, mère et fille de ROI, une FEMME de votre sang va être condamnée à MORT.

» REINE ! FEMME ! que toutes les FEMMES, à votre voix, nous délivrent du BOURREAU !

» Toutes sont prêtes. Plus d'ÉCHAFAUD !

» DIEU m'ordonne de faire retentir publiquement, hautement, ce cri de ma foi, afin que tous et TOUTES l'entendent ; car le moment approche d'un spectacle inouï pour le monde.

» Encore quelques jours, et il y aura dix-huit siècles que le fils de l'HOMME, le divin libérateur des ESCLAVES, est mort sur une croix.

» L'année que DIEU nous envoie, je vous le dis

en SON nom, verra célébrer miraculeusement cette commémoration SÉCULAIRE.

» Car l'heure d'un nouvel AFFRANCHISSEMENT va sonner.

» La FEMME est encore ESCLAVE!

» Et un hideux instrument de mort, qui s'est élevé là où était la CROIX de l'ESCLAVE, et qui se rougit chaque jour du sang du PEUPLE, la menace.

» LA FEMME S'AFFRANCHIRA!

» Elle dépouillera enfin l'homme de sa brutalité, en brisant l'instrument du supplice.

» REINE! plus d'échafaud! plus de sang humain versé par l'homme, REINE DES FRANCAIS! les FRANÇAIS et VOTRE FILS doivent-ils donc encore périr par l'épée?

» MÈRE! au nom de VOTRE FILS, plus de sang humain versé par l'homme! au nom de votre FILS, MÈRE, plus de sang! — P. ENFANTIN. »

Le 10 novembre, Enfantin transmit la lettre de d'Eichthal et de Duveyrier à Hoart et Bruneau.

« Mes chers enfants, leur dit-il, cette lettre de vos frères vous paraîtra peut-être un peu embrouillée, mais vous savez que c'est l'image de vos frères, ne vous en effrayez pas; ce qu'il y a de plus clair, c'est qu'ils légitiment par là des hommes qui se sont retirés de nous, et qui ont pris plus ou moins de détours pour le faire, soit en s'éloignant comme *dissidents*, soit en tombant comme Flachat, Bouffard et d'autres, et *nous aimant toujours*. Le départ de Charles et de d'Eichthal est donc le signal d'un développement d'amour pour nous dans le *non moi;* j'en suis, sous ce rapport, très-joyeux ; je le suis encore quand je cherche ce qu'ils auraient pu faire près de nous, maintenant surtout que les hommes de liberté, qui avaient le plus d'affinité avec eux, se trouvent dispersés à Paris, et que les autres vont vous rejoindre. Le sens *politique*, proprement dit, manque un peu à ces chers enfants; or l'œuvre *politique* est loin d'être finie pour nous ; pratiquement elle est encore nulle. Probablement Lambert fera comme Duveyrier et d'Eichthal, il a beaucoup à faire cet hiver, comme contact individuel, près de quelques savants et de quelques prêtres ; le groupe Lamé, Clapeyron et Flachat l'aidera beaucoup; il faut qu'il sème, dans quelques bonnes têtes savantes, les germes scientifiques que nous avons mis au monde cet été, afin qu'ils se développent en terre convenable, car ce n'est pas à nous à leur donner toute leur croissance.

» Je viens d'écrire à la reine pour l'abolition de la peine de mort, à propos de la prise de la duchesse de Berry ; vous lui donnerez la plus grande publicité possible. Ce fait est le point de départ de l'introduction des femmes dans la politique, sentez-en promptement l'importance ; toute votre parole politique doit rouler autour de cette idée, parce qu'elle est excellente pour faire sentir l'importance politique des femmes. J'attendais cet événement avec impatience, j'avais fait faire par Michel un article pour des journaux avant l'arrestation et qui roule sur elle : La *Gazette* le répétera peut-être ce soir. Je crois que le grelot est attaché au cou des femmes.

» En ce moment, malgré la pluie, nos enfants partent ; la famille les accompagnera par la rue Mouffetard à la barrière d'Italie. Je les presse, ainsi que les premiers partis, d'arriver vers le 22 au plus tard, jour où vous apprendrez à Lyon le discours d'ouverture des Chambres.

» Je ne saurais trop vous recommander, mes enfants, le costume ; grâce à Duveyrier et d'Eich-thal qui avaient autre chose en tête, on n'a presque rien fait ici sous ce rapport ; mais Lyon doit mar-cher vigoureusement dans cette direction ; faites sentir toute l'importance pour l'ordre du costume, et du nom sur la poitrine, qui feront savoir le rôle que nous jouerons dans toutes les circonstances possibles de commotion populaire. Soyez larges

pour les modifications que quelques-uns voudront
y faire intervenir, pourvu que Massol ou quelque
autre soit chargé de l'inspection comme goût, car
il y a des gaillards qui se mettraient des paquets de
linge sale sur la tête en guise de coiffure, si on
n'y mettait ordre. L'important, c'est la poitrine découverte, la ceinture et le grand béret rouge,
comme les Basques; ce dernier article est capital
pour l'effet et pour se reconnaître à distance, nous
le voyons à Paris.

» Adieu, mes enfants, votre Père vous embrasse. — P. ENFANTIN. »

Après avoir signé la lettre à Hoart, Duveyrier
avait éprouvé le besoin d'écrire au Père Suprême
dont il avait été l'un des fils les plus aimants et les
plus aimés, et de lui peindre l'état d'agitation et
d'incertitude où sa sortie de Ménilmontant l'avait
jeté. Nous ne citerons qu'un extrait de sa lettre;
il y disait :

« Père,

» Depuis l'instant où Barrault me demanda ma
ceinture, dernière exécution qui seule pouvait
m'ouvrir les yeux, et me faire plonger jusqu'au
fond de moi-même, depuis le moment où je vis
Gustave fondre en larmes à la pensée qu'il pouvait ne plus *vous revoir*, depuis ce moment, Père,

j'ai profondément médité sur moi, sur vous, sur nous tous, et voici ce que je puis vous dire.

» Le monde m'appelle, le monde luxueux, aristocratique, le monde où les femmes laissent à l'homme la puissance de nom et se contentent de la puissance de fait. Je deviens mondain, et moi, le poëte de Dieu, je vais sabrer le monde comme je vous ai caressé, vous, mon Père, qui avez été pendant un temps l'objet unique de toutes mes affections. Oui, je vais sabrer le monde, le sabrer et le baiser, sans autre boussole que ce que vous avez mis de vous en moi. Je vous prie de ne me juger que sur mes œuvres, et non pas sur ce que *je n'aurai pas fait*, mais sur ce que je ferai.

» Je suis hors d'état de dire un mot à la famille, qui soit clair sur mon avenir; mon avenir ne m'est pas du tout clair. Ma foi est que Dieu me prépare des occasions dont je saurai profiter. Lesquelles? je l'ignore...

» En tous cas, Père, je sens VOTRE ŒUVRE et je l'aime en vous avouant que *vous seul* me la faites aimer, car mon action pour tous vos enfants est d'une autre nature que celle que j'ai pour vous. J'excepte pourtant Holstein que je mets à part, je n'ai jamais senti qu'il était de votre chair et de votre sang qu'en ce jour.

» Père, l'éloignement permet à votre fils de vous embrasser. — CHARLES DUVEYRIER. »

C'était le jour du départ de Machereau, Desloges, Terson et Maillard. Ils furent accompagnés par leurs frères de Ménilmontant et de Paris, dont les chants retentissaient dans les rues de la capitale, à chaque nouveau convoi de missionnaires. Ces chants [1] étaient l'œuvre de Barrault, Vinçard, Brione, Mercier, Lagache, Corréard, Rousseau, Maynard. Le peuple en était vivement impressionné, ainsi que du costume et de la physionomie de ces jeunes apôtres, pleins de vigueur et d'enthousiasme.

[1]. Ces chants, publiés en 1835, seront réimprimés avec les œuvres. Nous donnerons seulement ici les deux premiers couplets du *Départ*, par Vinçard, et *la Loi de Dieu*, par Lagache.

LE DÉPART.

Apôtre, en avant, en avant !
Roule,
Roule,
Et que la foule
Du pauvre peuple gémissant
T'accompagne en te bénissant.

Alerte ! voici la lumière
Qui perce, et vient guider tes pas.
La voix de DIEU, la voix du PÈRE,
Appelle ton cœur et ton bras.
Apôtre, etc.

La MÈRE a soulevé son voile !
Va dire aux frères d'Orient

Le 11 novembre, Léon Simon écrivit à Enfantin :

Ménilmontant, 11 novembre 1832.

« Père,

» A l'exemple de plusieurs de vos enfants, je viens vous demander ma *liberté*.

» Je vous la demande, car homme d'*activité*, depuis un an bientôt je vis *oisif*, et aujourd'hui je me sens mission dans le monde.

» Je puise le sentiment de l'œuvre que je me conçois dans ma vie passée, et dans ma vie au sein de la famille.

» Médecin, j'ai à renouer des relations suivies avec ceux dont je partageai les travaux, à leur ap-

Qu'une resplendissante étoile
Scintille aux voûtes d'Occident.
   Apôtre, etc.

LA LOI DE DIEU.

Levez les yeux, nobles fils de la France,
Voici venir une autre liberté ;
Levez les yeux, la voilà qui s'avance
Le front brillant d'une sainte clarté.
Elle n'est plus sur ce char de la guerre
Dont un sang pur teint le bruyant essieu ;
Des ailes d'or la portent vers la terre ;
Sa main dans l'air trace la *loi de* DIEU.   (*Bis.*)
D'une voix forte, aux PEUPLES elle crie :
« Pour votre sol, quoi ! toujours des combats ?
» Le monde entier, voilà votre patrie ;
» Les *travailleurs* sont les nouveaux soldats.

prendre votre nom qu'ils ignorent, afin qu'un jour vienne où eux aussi ajoutent l'autorité de leur science, mais surtout de leur position, à la parole d'*affranchissement* que vous avez prononcée pour le *peuple* et pour la *femme*. Et leur voix doit être puissante, car ils sont devenus les seuls *confesseurs* du *peuple* et de la *femme*.

» A vous, Père, je dois rapporter l'inspiration première de la mission que je me conçois[1]. »

» Plus de clairons, de clameurs sanguinaires;
» Que désormais la paix règne en tout lieu;
» Soyez unis; tous les hommes sont frères;
» Chantez en chœur; telle est la loi de Dieu. »

Ah! contre toi plus d'injuste anathème,
Enfant du pauvre, enfant déshérité!
Tous ont des droits, par le nouveau baptême,
A l'ordre saint de la capacité.
A tes efforts s'ouvre enfin la carrière;
L'astre immortel, qui s'élève au milieu,
Verse sur tous sa féconde lumière;
Tous sont *élus;* telle est la loi de Dieu.

Peuples, formez une sainte famille,
Et déployez votre immense drapeau;
Dans un ciel pur, phare éclatant qu'il brille;
Qu'à l'univers il serve de flambeau.
A l'ancien monde, à la haine, à la guerre,
Dites enfin un solennel adieu.
Que l'harmonie habite votre terre;
L'ordre et la paix, voilà la loi de Dieu.

1. Cette lettre sera publiée intégralement dans la correspondance.

Le 14, un autre disciple, et l'un des plus chers à Enfantin par l'assemblage remarquable en lui d'un grand cœur et d'un grand esprit, Lambert quitta Ménilmontant.

Les prévisions de d'Eichthal se vérifiaient.

L'ouverture de la PASSION du rédempteur des femmes avait été signalée par Enfantin lui-même, dans la prière de l'ATTENTE.

Les disciples souffraient comme le Maître du silence prolongé de la FEMME-MESSIE et de l'ajournement de son apparition. En se retirant à Ménilmontant avec le PÈRE, ils y avaient porté l'espoir que la MÈRE viendrait bientôt s'asseoir à ses côtés, et que le couple sacerdotal, représentation complète de DIEU, PÈRE et MÈRE, commencerait la réalisation de la vraie société saint-simonienne, sans plus de lacune, et inaugurerait ainsi la cité ou l'église de l'avenir. Chaque jour de retard avait fini par devenir pour eux un jour de déception ; et cette déception devait rendre de plus en plus douloureuses l'abnégation, la discipline, la solitude, qu'Enfantin leur avait imposées comme des nécessités exceptionnelles et transitoires de l'apostolat. Dès que l'appel à la femme était resté sans réponse, leur espérance étant trompée, il était inévitable que les conditions provisoires de l'apostolat cénobitique et célibataire fussent trouvées moins motivées et moins supportables de jour en jour par beaucoup d'entre eux. Les enfants étaient pressés d'assister à l'avénement de la MÈRE, et ne la voyant pas venir, au gré de leur vœu, ils s'éloignaient du PÈRE. Le Père, LUI, tout en souffrant plus que personne de l'absence de la FEMME dont il s'était déclaré le PRÉCURSEUR, ne s'éloignait pas de ses enfants et souffrait de les voir s'éloigner, parce qu'il gardait plus qu'eux l'intégrité de sa foi; parce qu'il apercevait et distinguait mieux qu'ils ne pouvaient le faire à travers le voile qui cachait encore la *femme messie*, les liens non brisés et les destinées assurées de la famille nouvelle ; parce qu'au milieu de ses douleurs paternelles et des péripéties de son apostolat suprême, il se souvenait toujours que la *passion* des *révélateurs* est le prix que Dieu attache au triomphe des *révélations*.

Cette impatience des disciples, changée en déception par la parole et l'attitude du maître, n'est pas sans précédents analogues dans l'histoire religieuse de l'humanité. Les premiers apôtres du christianisme « croyaient tous en montant à Jérusalem, dit M. Renan appuyé sur les textes des évangélistes, que le royaume de Dieu allait s'y manifester. La persuasion à ce égard était telle, que l'on se disputait déjà la préséance dans le royaume.... le maître, au contraire, était obsédé de graves pensées.... d'autres fois, il détruisait de front les illusions des disciples. Comme ils marchaient sur les routes pierreuses du nord de Jérusalem, Jésus pensif devançait le groupe de ses compagnons. Tous le regardaient en silence, éprouvant un sentiment de crainte et n'osant l'interroger. Déjà, à diverses reprises, il leur avait parlé de ses souffrances futures, et ils l'avaient écouté à contre cœur. Jésus prit enfin la parole, et, ne leur cachant plus ses pressentiments, il les entretint de sa fin prochaine. Ce fut une grande tristesse dans toute la troupe. Les disciples s'attendaient à voir apparaître bientôt le signe dans les nues.... Le cri inaugural du royaume de Dieu retentissait déjà en accents joyeux.... pour lui, il se confirmait dans la pensée qu'il allait mourir, mais que *sa mort sauverait le monde. Le malentendu entre lui et ses disciples devenait à chaque instant plus profond.* »

Ni cette profondeur croissante du malentendu entre Jésus et ses disciples, ni la mort du maître justificative de ses pressentiments, n'ont empêché la parole évangélique de triompher de l'idolâtrie et de l'incrédulité, et de faire diviniser le rédempteur des esclaves comme *sauveur du monde*.

L'homme du xixe siècle qui avait osé, au milieu des enfants de Voltaire, s'attribuer une mission *divine*, quoique sans intervention *surnaturelle* ni prétention au *miracle*, et qui s'était posé, dans sa sainte audace, comme le prophète et le promoteur d'une autre *rédemption*, celle de la *chair* flétrie et rongée par le vice et la misère, dans le sexe le plus faible et la classe la plus nombreuse; cet homme, qui avait pu subir, sans laisser altérer son calme et sa sérénité, le supplice de la raillerie, de la calomnie, de l'outrage, auquel allait se joindre celui de la prison, cet homme se montra plus sensible aux déchirements intimes de sa paternité spirituelle, à l'éloignement de ses disciples bien aimés. Il semblait pressentir dès lors que cette passion durerait plus d'une semaine, et qu'après plus de trente ans assombris par de nouvelles blessures dans ses plus tendres affections, il adresserait à ses enfants, la veille de sa mort, une dernière page où son adieu suprême serait précédé de cette apostrophe douloureuse : « *Qui de vous ne m'a pas un peu assassiné?...* JE VOUS EN AI BÉNIS ! »

Le 14 novembre 1832, la tristesse d'Enfantin eut exercé une influence assez grave sur sa santé pour donner des inquiétudes aux apôtres restés près de lui. Michel Chevalier eut alors l'idée d'appeller Olinde Rodrigues à Ménilmontant. Il lui fit porter ce billet par Alexis Petit :

« Rodrigues,

» Le Père est malade, il souffre, il pleure!

» Il pleure, lui !

» Il appelle son Père ;

» Son vieux père, son père selon la chair n'est pas près de lui. Il vient.

« Mais il nous disait, il y a peu de jours, que vous étiez aussi son Père, *son père selon l'esprit*, et il l'écrivait à d'Eichthal.

» Rodrigues je vous prie de venir le voir.

» MICHEL. »

Voici le rapport d'Alexis Petit sur ce message :

« Rodrigues était avec sa femme; après avoir pris lecture de la lettre, il me dit : « Je ne puis » comprendre ce que Michel veut de moi, Enfan-» tin souffre; je ne vois pas en quoi ma présence » peut lui être utile. Il ne me dit rien des causes » de la souffrance d'Enfantin ; cela est trop vague » pour motiver mon intervention. De quoi Enfan-» tin est-il tourmenté; est-il malade de corps? »

« Je lui répondis que le Père était légèrement indisposé, mais qu'il souffrait surtout de cœur; que la crise avait été brusque, et par conséquent peu susceptible d'être rapidement comprise par moi ; mais que je croyais sentir sa cause dans la série d'épreuves par laquelle nous avions eu à passer, dans le poids d'une longue attente partagée par la famille, dans les privations et les souffrances dont le Père avait été affligé pour ses enfants, enfin j'ai dit que bien que le Père sentit l'œuvre accomplie par ceux de ses enfants qui n'étaient plus à côté de lui, pourtant il lui était douloureux de s'en trouver séparé.

» Je ne vois pas, reprit Rodrigues, en quoi je pourrais être utile à Enfantin, puisqu'il souffre par des causes dans lesquelles je ne suis pour rien, et que j'avais bien prévues, c'était le dénoûment. »

« Je lui répondis que je ne le comprendrais pas bien moi-même, sans les faits qui s'étaient passés en ma présence à diverses reprises, et qui me prouvaient que le *Père* avait conçu l'idée et même l'espoir d'une réunion de *personnes* entre lui et Rodrigues.

» Rodrigues me répondit : « Une réunion de » *personnes* ne peut être amenée que par une réu- » nion d'*idées*, et je me trouve toujours aussi éloi- » gné des idées émises par Enfantin. Il est vrai, » comme le dit Michel, que je suis le Père d'En- » fantin selon l'esprit ; mais selon les idées que j'ai

» reçues de Saint-Simon. Quant aux idées sur les
» femmes, je n'y ai contribué en rien, et Enfantin
» les avait conçues avant que je ne lui eusse fait
» connaître Saint-Simon, ainsi que lui-même me
» l'avait dit souvent.

» Enfantin demande son père, son vieux père
» selon la chair, il ne me demande pas ; or, nous
» ne sommes pas des enfants, et une réunion de
» *lui* à moi est chose assez grave pour que lui-
» même la demande. Il ne m'écrit pas et ne me fait
» pas écrire. C'est Michel seul qui m'écrit en son
» propre nom.

» J'ai vu Fournel ces jours derniers, il m'a rap-
» porté que la séparation de d'Eichthal et Duvey-
» rier ne s'était pas faite du plein gré d'Enfantin,
» mais qu'elle l'a mécontenté. Je conçois qu'Enfan-
» tin souffre, mais je le connais trop pour croire
» qu'il souffre et pleure pour un fait qu'il trouve
» bon.

» Qu'irais-je faire auprès d'Enfantin ? Je ne suis
» pas en communion d'idées avec lui, et nous ne
» nous entendrions pas plus que par le passé : je
» n'ai rien approuvé de tout ce qui s'est fait depuis
» notre séparation, *costume*, etc., lui dirais-je que
» je regrette cette profonde dissidence d'idées?
» qu'il est fâcheux que ces graves débats aient

» été soulevés entre nous ? mais c'est un fait ac-
» compli, et je suis sûr qu'Enfantin le regrette
» comme moi; nous n'avons pas besoin de nous le
» dire.

» Quand même je serais disposé à m'y prêter, je
» doute que la simple vue de mon visage puisse
» avoir sur lui une action hygiénique.

» Et puis, faire un acte de cette gravité sur une
» démarche aussi légère...... cela tire à consé
» quence : rien d'aussi sérieux ne peut se passer
» entre Enfantin et moi, sans qu'on ne soit disposé
» à en tirer induction.

»...... Enfantin n'a pas démordu de ses idées;...
» c'est un homme puissant; j'ignore comment il se
» tirera du mauvais pas où il s'est mis par le tour
» de force qu'il a voulu tenter, c'est ce que j'appelle
» son cercle vicieux : Quand il en sera sorti, nous
» verrons,..... je n'ai aucune inimitié contre lui,
» si je pensais que ma présence fût nécessaire, je le
» verrais, mais d'après ce que je vois, il n'est pas
» malade, et son chagrin tient aux causes [1] qui me
» sont étrangères.

1. Rodrigues comprenait très-bien que les larmes d'Enfantin
provenaient moins de l'affaiblissement de sa santé que de sa
puissante faculté de sentir et de la profondeur de ses affections.
Rodrigues rappela à Petit que le Père avait pleuré aussi lors de
leur séparation. Du reste, les disciples dont l'éloignement lui

» .... Dites à Michel que cette lettre n'est pas
» suffisante; que c'est trop vague;...... que je ne
» vois rien qui puisse motiver cette démarche au-
» près d'Enfantin. »

Deux jours après, Enfantin se trouvant remis de
son indisposition, Michel Chevalier écrivit à Olinde
Rodrigues :

« Rodrigues,

» Actuellement que le Père est parfaitement réta-
bli, je dois d'abord vous l'annoncer, et je crois devoir aussi vous expliquer la démarche naturelle-

faisait verser des larmes protestaient toujours de leur dévouement à sa personne et de leur foi en son œuvre. Le 15 novembre, il reçut de Duveyrier les deux billets qui suivent :

« 15 novembre.

» Mon bon Père,

» D'Eichthal met toujours à l'affaire des cigares son zèle ordinaire; en attendant ces vrais calumets de paix, permettez-moi
de vous en envoyer quelques douzaines que j'ai belliqueuse-
ment enlevés à mon ami.

» Je n'ai rien d'important à vous apprendre.

» Père, permettez-moi de vous baiser la main. »

« 15 novembre.

» J'ai foi, Père, et je suis sans crainte.

» J'ai foi. Votre femme est au monde et vous la posséderez.
Ah! quand elle saura ce que vous avez souffert!

» Vous nous avez faits forts. J'ai foi.

» Mais pourquoi faut-il que celui de vos enfants qui souffre le
plus de l'absence de votre femme, vous sache malade et ne
puisse être près de vous?

» J'ai foi.   » Ch. Duveyrier. »

ment précipitée que *je* fis l'autre jour près de vous.

» Avant hier le Père était dans une crise dou-loureuse; ainsi qu'il l'a dit : il *changeait de peau;* *le bourgeois et le docteur s'éclipsaient en lui; il* *se faisait prolétaire*, PEUPLE. Je crois qu'il y a un lien du Père au fils; et voyant qu'IL souffrait, qu'IL pleurait, LUI, qu'IL appelait son Père, j'ai pensé à *vous*, qui êtes son *Père selon l'esprit*, qu'il nommait ainsi il y a peu de jours, et qui *vous* êtes aussi nommé le *mien*. J'ai pensé à *vous* qui vous êtes proclamé l'an passé le *Père* du PEUPLE, et qui avez déclaré en face de la cour d'assises que vous ne désavoueriez rien de ce que vous avez fait *alors;* j'ai pensé, LE voyant souffrir, *moi* qui crois qu'il y a un lien du PÈRE au fils, car je sens celui du fils au Père; j'ai pensé qu'un *changement* de *peau* pouvait aussi s'opérer en *vous* à la même heure; j'ai pensé que *vous* pourriez revenir à cet instant *bon* pour LUI, *moi* qui ai vu le sentiment de la double paternité si puissante en vos en-trailles.

» Enfin, je me suis rappelé beaucoup de mots récents du Père, sa dernière lettre à d'Eichthal, et je me suis dit que le vieux Père Enfantin ar-rivait.

» Et néanmoins il est bien vrai, comme vous l'avez dit à Alexis, que ce n'est pas sur une démarche de *moi* que *vous* pouvez aller vers le Père ; et le Père me l'a dit aussi, lorsque je l'ai informé de ce j'avais fait.

» Je pourrais cependant ajouter que le Père a fait vers vous assez pour le considérer toujours par rapport à vous à l'état d'*appel* : j'appelle la *famille* tout entière ; et c'est encore ce que j'ai pensé. Quoique vous fassiez, vous êtes de sa famille.

» Rodrigues,

» Je me suis souvenu d'un mot que vous avez dit assez récemment à propos du Père : *Il n'y a que les montagnes qui ne se rencontrent pas.* Je m'en souviens et je m'en souviendrai encore. J'aurai occasion de vous le rappeler de nouveau dans le cours de la vie *pratique*, qui s'ouvre pour nous du moment où le *verbe s'est fait* CHAIR.

» Rodrigues !

» Aujourd'hui le *verbe* s'est fait CHAIR, c'est-à-dire, que l'ACTION politique, la politique PRATIQUE commence. Nous sommes PEUPLE ; les *bourgeois* et les *docteurs* s'en sont allés.

» Voyez ceux qui partent : Duveyrier, d'Eichthal, *bourgeois ;* — Lambert, Simon, *docteurs.* — Ceux qui entrent, quatre fils du *peuple.* — Ceux

qui restent, — Barrault, Hoart, Bruneau, Ollivier, etc., etc., hommes d'action, de vie exté-
rieure, de culte; et moi, en qui vous avez confiance, au moins comme homme politique, si vous
persistez dans vos jugemeuts de l'an passé.

» Vous dites que nous avons gâté notre position
acquise. Nous disons que nous l'avons quittée
pour la laisser à d'autres. C'est au fond la même
cho. e, avec la seule différence qui résulte de la foi
religieuse ajoutée en plus ou ôtée en moins.

» Car pour *gâtée*, en y regardant à cent fois en
nous tâtant sur tous les membres, il nous est impossible de le juger ainsi.

» Voyez la *Revue encyclopédique* rallier les
chrétiens, le *Phalanstère* préparant les païens,
Émile au *National*, Lagarmitte au *Temps*, Stéphane au *Constitutionnel*, et la quaternité : Stéphane, Lamé, Clapeyron, Émile Péreire, montrant
partout la tête.

» Lisez l'*Ami de la Charte* de Nantes, disant en
propres termes : la *vieille boutique politique est
enfoncée;* lisez *le Breton*, le *Journal de Maine-
et-Loire*, l'*Auxiliaire Breton*, le *Finistère*, le
Propagateur du Pas-de-Calais, le *Journal de
Rouen*, le *Précurseur*, le *Mémorial des Pyré-
nées*, le *Patriote du Calvados*, le *Patriote de*

Juillet, le *Patriote du Puy-de-Dôme*, le *Progressif*, le *Journal de l'Aube*, et dix autres répétant le même refrain.

» Voyez Fonfrède refaisant les articles du *Globe* sur la paix et luttant avec M. O. de l'*Indicateur* à qui fera le plus de politique nouvelle !

» Voyez comme parle de nous le dernier numéro du *Guetteur*. (Remarquez encore les Péreire s'attachant aux *Connaissances utiles* et stylant les 130,000 abonnés !) Vous verrez alors que nous avons trouvé à qui laisser notre position acquise : qu'elle est LÉGUÉE et non *gâtée*. Puis écoutez parler les ouvriers de Paris et de Lyon surtout, en leurs réunions, leurs banquets, leurs toasts; vous entendrez ces mots : *Association*, *capacité*, *calme*, lisez l'*Écho de la fabrique*. Allez incognito aux réunions de ciseleurs. Regardez naître et grandir les journaux d'ouvriers; faites bien attention et voyes-les passer la porte de Fournel à Paris, de Coguat à Lyon; et au bas du *Bon Sens*, lisez la signature de *Ch. Béranger*.

» Le monde est prêt, le PEUPLE est prêt; nous sommes prêts !

» Rodrigues,

» Non, rien n'est *gâté*; mais il y a quelque chose de *fini* pour nous. C'est notre vie de poli-

tique *théorique*, et même l'appel à la femme en
tant qu'œuvre directe et immédiate, sous forme
d'exposition de théories; car la parole d'appel du
PÈRE a reçu une publicité immense, grâce à
des actes qui peuvent sembler des folies à des hommes légers ou à des hommes prévenus. Il y a quelque chose de *fini*, et quelque chose qui *commence*,
l'ACTION POLITIQUE.

» Vous avez votre explication sur *votre* situation présente par rapport à nous. Le Père a la
sienne; c'est que *vous* n'avez pas de poste à prendre
dans cette œuvre d'ACTION.

» Et cependant les hommes d'*action*, ceux qui
iront au PEUPLE, espèreront toujours en *vous*, car
votre race n'est pas une race de *métaphysiciens*;
vous vous êtes dit le Père du PEUPLE, et vous avez
proclamé avec orgueil celle que vous aimez tant,
fille du PEUPLE !

» Rodrigues !

» Si je vous parle de ce qui est devant nous, ce
n'est point par manière de controverse ni de discussion; c'est tout simplement parce que je tiens
personnellement à vous informer de ce que nous
faisons; car il doit toujours en remonter vers vous
quelque chose, et je sais que je fais ainsi un acte
agréable au PÈRE; vous me permettez, n'est-il pas

vrai, de continuer à vous présenter cette face de reconnaissance et d'espoir.

» MICHEL CHEVALIER. »

Cette lettre reflétait parfaitement la pensée intime du Père suprême, et caractérisait de la manière la plus nette et la plus précise la nouvelle phase qui s'ouvrait pour l'apostolat régulier. La crise était dure à traverser. Le 18 novembre, le malaise était revenu à Enfantin. L'intrépide apôtre qui s'efforçait de le consoler du départ de ceux qu'il appelait les *bourgeois* et les *docteurs*, reprit la plume pour lui dire :

« Père ! il faut en finir de ces douleurs !

» Assez de ces combats qui vous fatiguent et vous vieillissent.

» Ce n'est pas pour ainsi lutter contre vous que Dieu vous a donné tant de vigueur : en vérité, c'est lutter contre Dieu lui-même.

» Si vous êtes malade aujourd'hui, c'est que hier soir, *vous vous êtes laissé* servir à satiété par Holstein de la *bourgeoisie*, par Barrault du *doctorat*.

» C'est que vous n'aviez pas encore changé de PEAU.

» Père !

» Aujourd'hui, aujourd'hui, vous changerez de

peau, aujourd'hui vous recouvrirez l'éphod d'amour qui s'étend sur votre poitrine avec la tunique de fermeté et d'énergie que vous avez arrachée des épaules de Bazard.

» Père !

» Je sens qu'une vie nouvelle, non mystiquement mais réellement, va commencer pour vous et pour vos fils.

» Et je ne crois pas que pour vous ni pour moi ce soit la prison ; je crois que c'est assez de la vie dans le *temps*, et que dans peu votre vie, notre vie sera dans l'*espace*.

» Paris est endormi, qu'il sommeille en paix ; mieux vaut dormir que souffrir ! Dieu donne le sommeil au travailleur pour réparer ses forces. Qu'il sommeille ce grand Paris, sur sa couche de fange et de marbre, recouvert de paille infecte et de tissus d'or ; qu'il sommeille épuisé de fatigue, ivre de prostitution.

» Vous le réveillerez un jour du bruit de votre char de triomphe, de votre char où vous ne serez pas SEUL.

» On veille ailleurs ; ailleurs on vous attend... où ?

» — Je ne sais, mais vous devez le savoir, ou vous le saurez bientôt ; car vous avez assez parlé au monde pour qu'il vous rende une parole.

» Père !

» Holstein souffre la torture, et il vous la rend.

» Il vous aime bien ; mais c'est qu'il vous aime trop et ne vous respecte pas assez. Il vous aime trop, comme un bourgeois aime sa maîtresse, pour lui ; pas assez pour tous les hommes et toutes les femmes.

» Aglaé est bonne, Père ! mais auprès de votre Père il faut quelqu'un autre qu'Aglaé ; il lui faut un *homme* qui l'aime et qui vous aime, il lui fau Holstein. Donnez un fils à votre père *avant l'action*, comme Jésus donna un fils à sa mère *après la passion*.

» Et qui peut dire qu'Aglaé sera à Paris, si la volonté de Dieu vous éloigne de Paris, et qu'elle ne sera pas plutôt partout où vous serez ?

» Si notre vie est selon l'espace, j'espère que Barrault sentira que la meilleure place à laquelle nous puissions prétendre est celle que Dieu nous a *assignée*, selon l'expression d'Ollivier.

» Père, il n'y a qu'un homme ici qu'aujourd'hui je puisse aimer en *frère* (et en parlant ainsi je mets à part Holstein et Barrault) cet homme est Ollivier ; c'est en supérieur que j'aime les autres.

» Je sens que, dans votre *acte*, je suis votre *geste* et Ollivier votre *parole*. Je ne vous demande pas de consacrer notre paternité aujourd'hui, je n'en ai point parlé à Ollivier, et d'ici là il y a quelque chose à faire.

» Le jour est proche où vous reconstituerez une hiérarchie parmi vos enfants, car le jour de l'*activité* est venue ; vous allez, de votre pied, repousser les rochers que vous avez entassés à l'entrée de votre retraite, et, dès vos premiers pas, le monde vous enverra une famille d'*hommes nouveaux*.

» Telles sont, Père, les choses qui me sont venues à l'esprit et au cœur, après avoir relu la lettre que vous m'écrivîtes, il y a deux ans, la veille de l'Austerlitz du *doctorat*.

» MICHEL CHEVALIER, *apôtre.* »

C'était, à juste titre, que Michel Chevalier prisait beaucoup le concours fraternel d'Ollivier, dont la simplicité affectueuse et la sincère modestie ne faisaient que rehausser davantage la valeur morale et la portée intellectuelle.

Ollivier a laissé des méditations qui ont été conservées dans les archives saint-simoniennes. Quelques-unes portent la date de novembre 1832, et renferment ainsi des éléments d'appréciation sur l'évolution saint-simonienne de cette époque, et sur l'état des esprits les plus fermes dans leur at-

tachement à l'œuvre d'Enfantin. Voici quelques
extraits de ces méditations :

» Grand Dieu, il y a aujourd'hui vingt-sept ans
que tu m'as donné la vie, je te rends graces. C'est
la première fois qu'il m'arrive de bénir le jour de
ma naissance, et cependant tu me fis naître en un
jour d'allégresse. Sans doute en me créant homme
de joie et de plaisir, en m'entourant d'affection et
d'aisance, tu ne m'as fait traverser ces longues années d'angoisses et de douleur qu'afin de m'éprouver pour un glorieux apostolat; je te rends
grâces ! »

« Avant que tu te révélasses à nous, sous la
forme de MÈRE, nous avions oublié, dans notre
réhabilitation du passé, les déesses et les sibylles, et
cependant par elles tu annonçais déjà à nos an-
cêtres la puissance future de la femme; nous nous
sommes contentés de *dire* que toutes ces religions
avaient eu leur valeur; devons-nous donc en
rester là ? Et par ces cultes anciens que ta volonté
a laissés debout, n'as-tu pas voulu nous montrer que
nous devions communier avec eux, pour les ame-
ner plus tôt à la foi nouvelle ? Déjà je sens, depuis
que je commence à te connaître, un immense désir
de visiter ces temples que j'ai dédaignés pour la
place publique ou les bancs des écoles, afin de

m'inspirer des formes sous lesquelles on t'y rend un
culte. Je veux t'adresser mes prières dans l'église,
dans la synagogue, dans la mosquée, et dans les
temples de l'Afrique et des Indes; en effet, comment pourrais-je te révéler à ces hommes et à ces
femmes, si je ne leur prouve point par mes *actes*
que je te sens déjà vivre au milieu d'eux.

» L'inspiration me manque, je n'ai point de
couleurs pour peindre et embellir ce que je rêve;
c'est un avertissement que tu me donnes pour me
rappeler à l'œuvre présente; j'obéis.....

» Toute la propagation qui a été faite des idées
politiques de Saint-Simon, est arrivée à son terme
théorique; le monde en est saisi et une multitude
d'hommes, qui ont vécu de notre vie, répandus aujourd'hui dans la société, nous garantissent le succès et la rapidité de leur marche. La politique des
intérêts matériels est au fond de toutes les pensées,
implicitement et explicitement, le seul terrain sur
lequel les divers partis puissent avoir une opinion
commune, et, en réalité, celui qui saura le mieux
appliquer, selon les besoins du temps, cette politique nouvelle, celui-là sera le maître de la politique
européenne.

» Les ministres actuels ou leurs successeurs, ou
des hommes de leur portée, pourront en tenter une

première application; mais préoccupés qu'ils sont
par leurs vieilles théories politiques, ils ne sauront
présenter ces améliorations que comme des con-
cessions à l'envahissement populaire, et point du
tout comme des conquêtes de la civilisation moderne. Aussi ils tomberont devant des logiciens
plus hardis auxquels ils auront préparé les voies.
Alors le pouvoir viendra successivement aux mains
de ceux qui se rapprochent le plus de nous, mais
ceux-là même seront bientôt impuissants, car ils
seront privés de l'inspiration qui seule peut diriger
la politique, savoir : préparer toutes choses pour
l'avènement de la femme.

» Il est donc possible de prévoir une transaction
(je ne sais quelle en sera la forme) en vertu de laquelle le Père, quoique à l'état d'attente, par rapport à la femme et à la morale individuelle, appli-
querait cependant sa suprême et puissante initiative
à la politique. »

Ainsi Enfantin et les fidèles apôtres qui l'entouraient encore, tout en restant à l'état d'*attente* au
sujet de la femme messie et de la rénovation de la
morale individuelle, entendaient bien garder leurs
espérances religieuses et sociales, et continuer leur
mission régénératrice en donnant à leur apostolat une direction nouvelle, en lui imprimant un

caractère plus politique et particulièrement industriel. C'était la phase du saint-simonisme entrevue,
indiquée, désirée par MM. Paulin Talabot, Didion,
Capella, etc. Le dogme était désormais complété
par l'attribution des deux sexes à l'être infini en
qui réside le sentiment de la vie universelle, par la
substitution du *pater-mater*, dans la prière quo-
tidienne, au simple *pater* des vieux croyants. Les
docteurs devaient donc s'effacer pour laisser apparaître davantage les diacres.

L'institution du diaconat fut, dans le christianisme, comme le dit M. Renan, — la proclamation
de cette vérité, que les questions sociales sont les
premières dont on doive se préoccuper; la fondation
de l'économie politique en tant que chose religieuse. — Et le savant scrutateur des origines chrétiennes ajoute : — *les diacres furent les meil-
leurs prédicateurs du christianisme; comme
organisateurs, comme économes, comme adminis-
trateurs, ils eurent un rôle bien plus important
encore; ces hommes pratiques firent bien plus
que les apôtres, immobiles à Jérusalem sur leur
siége d'honneur, et ils furent les créateurs du
christianisme, en ce qu'il eut de plus solide et de
plus durable.* (120-121.)

Si le christianisme, malgré son dogme essen-

tiellement spiritualiste, trouva, dans la pratique des
affaires temporelles, dans le soin des intérêts matériels, un élément d'expansion et de vitalité, combien le saint-simonisme, qui venait élever la
matière au niveau de l'esprit dans le sein de la
divinité, et les placer tous deux, à titre égal, sous
la loi et la providence de l'amour infini; combien
le saint-simonisme ne devait-il pas fonder un plus
grand espoir pour sa propagation et sa durée, dans
les œuvres de ses économistes, de ses ingénieurs,
de ses entrepreneurs, de ses ouvriers, à qui Dieu,
selon l'expression de Duveyrier, avait donné la
terre à tailler et à polir comme un diamant de sa
couronne? Le moment était venu de procéder aux
premiers essais de réalisation des prophéties insé-
rées dans le *Globe*, en février, mars et avril de
cette même année. Deux voies étaient ouvertes au
prosélytisme saint-simonien, celle de la rénovation
morale et celle des grandes créations industrielles.
Enfantin eut des missionnaires à lancer dans ces
deux voies, et quoiqu'ils ne fussent pas tous également soumis à sa suprématie, ils agirent tous
directement ou indirectement, sous l'influence de
ses enseignements ou de ses inspirations. Tandis
que Bruneau et Hoart conduisaient les groupes
prolétaires dans le midi de la France, et que Bar-

rault s'apprêtait à leur ouvrir la route de l'Orient,
l'œuvre des chemins de fer, ainsi que nous l'avons
déjà indiqué, était commencée et ardemment poursuivie par Flachat, Lamé, Clapeyron, Péreire, etc.,
et le monde sceptique et moqueur eut bientôt à
prendre au sérieux quelques-uns au moins des
rêves qui l'avaient tant fait rire.

« On ne peut lire aujourd'hui sans un vif intérêt, dit un célèbre économiste [1], M. Blanqui aîné,
les vues que les saint-simoniens présentaient
chaque jour dans le journal le *Globe*. Ils prenaient
une part active à tous les projets de réforme favorisés par le mouvement rénovateur de juillet. Leur
feuille, distribuée gratuitement à plusieurs milliers
d'exemplaires, traitait avec une supériorité incontestée les questions de finances, de travaux publics,
de banques, d'association, de paupérisme, et il faut
convenir que jamais aucune réunion de savants
n'avait mis en circulation une pareille masse d'i-
dées. Ces idées, assurément, n'étaient ni toujours
justes ni toujours praticables ; il s'en trouvait souvent de bizarres et dont l'expression était empreinte
d'un néologisme affecté, mais à mesure que les esprits
se sont calmés, la postérité qui commence pour les

---

1. *Histoire de l'économie politique*, t. II, p. 346.

les saint-simoniens, a fait le départ de l'alliage et il est resté beaucoup de métal pur au fond de leur creuset. C'est à eux que nous devons la tendance industrielle de l'époque actuelle et la direction, peut-être trop exclusive aujourd'hui, de toutes les activités vers ce but. En réhabilitant, soit par leurs prédications, soit par leurs analyses, le culte du travail, ils ont appelé sur les classes laborieuses la sollicitude trop longtemps indifférente du pouvoir et des classes élevées. Leurs savantes expositions de la théorie des banques, leurs vues originales sur le régime hypothécaire, sur l'insuffisance de l'instruction publique, sur les enfants trouvés, ont familiarisé les hommes les plus étrangers à la science économique avec les principes fondamentaux de cette science. Tandis que les économistes dissertaient sur les théories, les saint-simoniens abordaient avec courage les hasards de la pratique, et faisaient, à leurs risques et périls, les expériences préparatoires de l'avenir. »

Mais le rôle important réservé au diaconat dans le saint-simonisme n'était pas rempli seulement par des apôtres sécularisés, par des disciples externes. Les solitaires fidèles de Ménilmontant se préparaient à se mêler bientôt aux affaires du monde, aux mouvements de la politique, aux améliorations matérielles. Michel Chevalier écrivait à Brisbane, le 9 décembre 1832 :

« Notre carrière *pratique* commence aujourd'hui que notre carrière *théorique* est achevée.

» Dans la direction *théorique*, nous avons débuté par le point le plus *haut*, car le *producteur* était au *summum* de l'élévation intellectuelle, scientifique.

» Dans la direction *pratique*, nous commençons par le point le *plus bas*, car, dans l'ordre *matériel*, *industriel*, rien n'est inférieur au *prolétariat*, et dans l'ordre *politique*, la *prison* est le plus bas degré de *puissance*. Comme vous venez du pays des *docteurs* par excellence (où vous avez rencontré pourtant des hommes et des femmes qui ont autant de tête que de cœur), je dirai, en style de docteur, que, dans la direction *théorique*, nous avons procédé *à priori* et dans la direction *pratique* nous procéderons *à posteriori*.

» Durant l'époque *pratique* nous gravirons une montagne, gradin par gradin; à chaque gradin nous en laisserons quelques-uns, mais nous en ramasserons un plus grand nombre, et ceux que nous laisserons resteront pleins d'amour pour le Père et pour nous, avec mission de LUI et surtout reliés à lui; là, tous en Dieu, ce sera une division de travail; une distribution de rôles, entre lesquels il y aura rang, hiérarchie, mais qui seront tous bons, tous utiles, tous nécessaires. Bien plus, la division du travail sera de plus en plus apparente parmi les anciens dissidents, et de plus, ils seront proches de sentir nettement que leur œuvre, à chacun d'eux, est un rameau de l'arbre planté par Saint-Simon et devenu si vigoureux entre les mains du PÈRE. A ceux-ci, le lot de faire par la *revue* l'éducation des philosophes (par la *revue* ou autrement) ; à ceux-là, le soin de pousser et d'échauffer les hommes positifs, les bourgeois philanthropes, et par les idées *phalanstériennes;* aux uns les journaux, aux autres les spectacles; à celui-ci les artistes, à celui-là les salons, etc., etc. ; c'est le temps de la *multiplicité.*

» A nous les *armées pacifiques*, les *croisades* et le *culte* de la *religion*, car nous sommes plus *forts* qu'eux, nous avons plus supporté de choses et nous sommes plus *religieux*, parce que nous avons le sens de la vie *future;* tout est là pour nous dans le *temps*, tout est là aussi pour nous dans l'*espace;* pour nous, DIEU *est tout ce qui est.*

» Voilà, mon cher Brisbane, notre passé, notre avenir ; notre présent est ce qui les joint : la fin d'une liquidation *morale, intellectuelle* et *physique;*

liquidation d'*hommes*, d'idées et de finances ; le commencement d'une campagne où se dresseront les armées pacifiques, où le culte s'installera par sa face sévère que la femme viendra couronner avec son entourage de plaisir et de fêtes, et d'où sortira pour le saint nom de DIEU une ineffable glorification. Avant deux mois, le plan de la campagne sera tracé et la mise en train aura lieu.

» Voilà notre bilan, mon ami, il devra plaire à votre aventureuse imagination d'*Yankee*.

» Vos compatriotes défrichent de vastes et riches territoires où le terroir le plus fertile est noyé sous les eaux, où les fleuves les plus majestueux sont dévastateurs. Ils changent tout cela, les laborieux Yankees. Par eux, la terre se couvre de moissons, les arbres de fruits savoureux, par eux les marais se dessèchent; par eux, les fleuves indigués deviennent de bienfaisants irrigateurs et reçoivent sur leur dos des bataillons de steamboats; par eux, les plaines impraticables sont sillonnées de chemins de fer; par eux les fleuves et les lacs se versent les uns dans les autres à l'aide des canaux.

» Voilà ce qu'ils font de la terre, du sol inanimé, eux, qui ne croient pas en Dieu ! Ce sont de grandes choses.

» Mais ce que nous ferons du monde, c'est-à-dire

de l'humanité vivante et du globe, dont nous sentons, nous, palpiter la vie ; ce que nous ferons, nous qui ne sommes pas propriétaires de femmes ni d'esclaves ; nous qui croyons en DIEU ! Brisbane, que sera-ce ? — MICHEL CHEVALIER. »

Cette lettre ne précéda que de peu de jours l'entrée d'Enfantin et de Michel Chevalier à Sainte-Pélagie, qui eut lieu le 15 décembre.

Le 17, Enfantin écrivit à Holstein :

« Tu as bien raison, mon bon vieux, d'ouvrir mes lettres et je t'y autorise, Michel également ; notre correspondance nous arrivera chaque jour en paquet. Nos lettres sont d'ailleurs ouvertes ici ; il est probable cependant qu'on se lassera de cette petite inquisition quand on aura vu pendant quelque temps la nature de notre correspondance.

» Si Duguet et Maréchal partent, je pense que Maréchal apportera les frais de route au moins pour *deux*, car deux hommes comme eux doivent avoir quelques jeunes suivants, et il y a en effet quelques ouvriers qui ont renvoyé leur départ à un mois et qui pourraient être prêts. Ils feraient une jolie troupe en s'y prenant dès à présent.

» Quant à vous deux, Olivier et toi, je ne vois pas à l'avance vos œuvres, mais je suis bien sûr que deux gaillards de votre excellente mine auront beaucoup à faire dans un mois. D'après les difficultés qu'on éprouve pour recevoir ici, je crois que vous devez loger au centre de Paris et surtout du beau monde. Au reste, pour tout cela, ce que je vous dis est en l'air, parce que je veux éviter aujourd'hui pour vous, y compris Duguet, comme pour tous, de donner une direction fixe à qui que ce soit de mes enfants; il faut que forts comme ils le sont, ils trouvent en eux-mêmes et hors du Père l'inspiration de ce qu'ils ont à faire. Je ferai de même pour Lyon et pour tous.

» Bonjour, aimez-vous et aidez-vous bien pour l'amour de moi, car aujourd'hui ce sont les enfants qui doivent aider le Père, les lisières sont coupées; ils l'aideront par la bonté, la beauté et l'ardeur de leurs faces d'espoir, par l'union qui sera entre eux au *nom* de Dieu et du Père. — P. ENFANTIN. »

Les lisières sont coupées! les enfants sont assez forts pour trouver en eux-mêmes l'inspiration dont ils ont besoin! Voilà le signal de la dispersion donné par le Père suprême. La période autocratique est close. L'apostolat saint-simonien n'est plus seulement démocrate par ses principes et ses aspirations, il le devient dans sa pratique, dans ses formes et ses moyens de propagation. La règle, la discipline, la dictature font place à la liberté devant

laquelle s'abstiendra désormais l'autorité purement
mâle. Mais le lien moral reste toujours entre les
disciples et le maître et pour les disciples entre eux.
La paternité et la fraternité ne sont point atteintes
par le brisement hiérarchique; le 19 décembre,
Enfantin écrit à Lambert :

« Mon cher enfant, la première fois que tu vien-
dras je ne te verrai probablement pas encore, car
le parloir n'est pas encore digne de moi; je n'ai
pas pris possession de tout le palais, cela viendra
bientôt; mais viens toujours, Michel te remettra un
roman de Mme Dudevant, *lequel* je te prie de lire,
et *laquelle* je te prie de voir. Il y a beaucoup de
bon dans le dernier qu'elle a fait, *Indiana*; tu
seras je crois content, si ce n'est pas un peu *tard*,
ce qui est possible. Mme Dudevant demeure quai
Malaquais. 19.

» Apporte-moi aussi des nouvelles du bon
Stéphane, auquel je recommande fortement l'affaire
diplomatique dont je l'ai chargé; il faut que je
donne la liberté à Fournel au plus tôt, et Stéphane
sait que son affaire influe beaucoup sur cela.

» Quant à Charles, si tu le vois, tu peux lui
dire que la prison est charmante, qu'on y mange
et qu'on y dort à ravir, que personne n'y maigrit,
car Michel y engraisse. Si tout cela le tente, il

lui est facile d'en faire l'essai. — P. ENFANTIN. »

Ce n'était pas seulement à Fournel et à Flachat, qu'Enfantin voulait donner la liberté ; il a coupé les lisières pour tous. L'autorité absolue de *l'homme*, seule connue. et pratiquée encore, et essentiellement coercitive durant l'absence, la minorité ou la servitude de *la femme*, quelque adoucissement qu'elle pût recevoir d'ailleurs du caractère bon et tendre du PÈRE, l'autorité mâle et absolue avait. fait son temps dans l'église primitive du saint-simonisme : le pasteur suprême tenait à faire lui-même cette déclaration, et il en indiquait la portée. Le moment était venu de justifier ce qu'il y avait de légitime et de fondamental dans le libéralisme de 89, de plus en plus envahissant et destiné, selon la prophétie de Mirabeau, à faire le tour du monde. Si ce libéralisme, pour pénétrer et se maintenir dans les institutions de l'avenir, avait besoin de modérer sa tendance naturelle à l'exagération de l'individualisme et à l'amoindrissement systématique du pouvoir social, il était nécessaire aussi que ce pouvoir, s'il voulait grandir et durer, se départît le plus possible, dans l'établissement de ses rouages, dans le règlement de sa hiérarchie, dans l'exercice de sa mission, des principes et des formes qui avaient rendu les anciens pouvoirs impossibles et livré le sceptre de l'opinion à l'esprit démocratique. La religion nouvelle avait la prétention d'organiser et de consacrer les éléments libéraux de la société moderne; c'était la conséquence de ses dogmes. Son gouvernement provisoire, héroïquement exercé, avait rempli sa tâche fondamentale. La supériorité d'Enfantin, toujours incontestée, toujours respectée et aimée, va prendre toutefois un autre caractère. Le 20 décembre, le Père suprême écrit, de Sainte-Pélagie, à Barrault, alors à Lyon :

« Tu es fort, Barrault, écoute.

» Je respire, je suis heureux, je me *repose*.

» Vous êtes tous loin de moi, je suis heureux pourtant, je me *repose*. A vous à préparer MON œuvre; j'étais las; grâces à Dieu, j'ai assez bien préparé la VOTRE. A vous, à vous!

» Le Père sommeille, le Père dort; ne le réveillez pas pour des misères, il dort pour tous les jours de travail avec vous, pour toutes les nuits de travail avec vous; il dort ferme, et le canon de votre victorieuse ardeur pourra seul le réveiller.

» Mon oreille n'entend pas, la plume de Michel ne parlera pas. A vous Lyon, à vous la France, à vous le *monde!*

» Le Père dort, il rêve avec Michel, et nos rêves seront de longs rêves; l'éternité est pour eux, car ils seront pour l'homme isolé et il y aura toujours l'homme isolé, l'*homme!*

» Les femmes et le peuple, le grand peuple ! nous ne les verrons point, nous sommes en *prison.* A vous les femmes et le peuple : vous avez la parole et les bras *libres*.

» Libres ! oui, vous êtes libres, vous n'êtes plus mes *enfants*, vous êtes émancipés, vous êtes hommes, vous êtes mes amis ; et vous-mêmes vous n'avez pas d'enfants, vous avez des amis, des frères, des compagnons, des camarades.

» Le Père dort, et pourtant il vit au milieu de vous, en vous ; la vie qu'il vous a donnée, il ne l'a point perdue ; à chaque jour, à chaque heure il a droit de vous demander compte, car il souffrirait de vos faiblesses, comme il se réjouira et se glorifiera de votre force.

» Le Père est présent au milieu de vous ; c'est en son nom que vous aurez de DIEU la vie grande ; c'est en son nom que l'*union* régnera parmi vous ; c'est en son nom que vous accomplirez toutes choses, et pourtant il ne vous les ordonnera pas.

» Rigaud, tu m'as demandé des lignes, des signes de l'amour qui nous lie ; je te l'ai dit ; tu t'es trompé ; ce n'est point à moi de vous *marquer* encore ; vous l'êtes assez *par moi*, mais j'attends que vous le soyez *par vous* et par le *peuple*. Faites !

» CULTE mystérieux de l'absence du Père, inspire-leur les signes auxquels je reconnaîtrai mes enfants !

» A vous, mes amis, le CULTE de la MÈRE, vous êtes orphelins.

» Culte mystérieux de l'attente de la MÈRE, inspire-leur les signes qui nous feront tous reconnaître par ELLE !

» Religion sévère de *l'absence* et de *l'attente*, que des mains d'*hommes* t'élèvent rude, puissante et vraie : pour toi le peuple désertera l'autel mystique du Christ, car ton temple sera l'*atelier ;* par toi le peuple sentira DIEU en lui et dans la nature, car ton rite sera le TRAVAIL et ton offrande l'ŒUVRE.

» Barrault, notre longue retraite ne nous a faits qu'à moitié hommes, nous attendions *ensemble* : DIEU nous a séparés parce que votre MÈRE veut savoir de chacun de nous qui il est.

» Quelques-uns de nos fils ne comprendront peut-être pas d'abord la force que Dieu veut leur donner en ce jour où, pour me commander le silence, il m'ouvre une *prison* et les met en *liberté ;* je charge toi et ceux de tes frères qui sentiront cet appel divin fait à leur PROPRE valeur, de l'expliquer à tous promptement par vos œuvres.

» C'est à vous à faire cesser le silence, à faire tomber les portes de la prison, et pour cela Dieu vous a donné une année, c'est plus qu'il n'en faut à des hommes tels que vous.

» Vous êtes libres : le PÈRE vous attend en prison ; Hoart et Bruneau gloire à vous, mes anciens frères d'armes ont ouvert la route pacifique ; Desloges, j'aime bien ton courage ; et toi, Cayol, tu as bien commencé, ton voyage et ton entrée à Lyon sont de bonnes choses. — P. ENFANTIN. »

XXVI

(1833)

(Janvier - Avril.)

Les saint-simoniens sont remis en pleine possession de leur liberté, de leur spontanéité. Ce n'était que par exception, nous ne saurions trop le répéter, ce n'était que transitoirement qu'ils avaient pu voiler l'esprit profondément démocratique et libéral qui résidait au fond de leur doctrine religieuse, qu'ils avaient accepté l'autorité sous une forme empruntée à l'ordre ancien, de manière à se rendre suspects d'exagération autoritaire auprès des républicains et des libéraux ombrageux. Ils

avaient bien dit, dans leurs prédications, qu'ils marchaient dans leur force et dans leur liberté; que
l'indépendance de la pensée était entière au milieu
d'eux, et que s'ils n'allaient pas aux autels de la
liberté indisciplinée, isolée, débile et stérile, c'était
pour suivre le culte de la liberté puissante et féconde qui renie la licence et l'anarchie, dont
l'exercice se concilie parfaitement avec la direction
paternelle des supérieurs, l'appui fraternel des
égaux et l'assistance filiale des inférieurs; mais la
direction suprême avait pris, dans la vie *cénobitique*
de Ménilmontant, un caractère tellement théocra-
tique, et l'ascendant du maître sur ses disciples était
devenu si irrésistible, que la liberté individuelle
semblait s'être réellement effacée dans la pratique
de la hiérarchie, pour faire place à la soumission et
au dévouement le plus absolus. Enfantin, qui avait
senti le premier la nécessité de cette dictature apostolique, comprit, le premier aussi, ce qu'il y avait
de fondé et de prophétique dans les réclamations et
les réserves intimes qu'elle provoqua pendant deux
ans, depuis celles de Laurent en janvier 1831,
jusqu'à celles de d'Eichthal en novembre 1832.
Aussi tout ce qu'il dit, à peine entré en prison, tout
ce qu'il écrivit à Barrault, à Holstein, en 1833, etc.,
vint attester que, dans la pensée du Père suprême,

la hiérarchie primitive avait rempli ses destinées, et que l'apostolat, pour ne pas se dissoudre, avait besoin d'être émancipé, et de se présenter devant le monde sous des formes plus compatibles avec les tendances démocratiques du temps.

Cette émancipation toutefois n'impliquait nullement pour Enfantin, et pour les apôtres restés fidèles, l'abandon de sa suprématie morale. Il continua d'être reconnu, aimé et vénéré comme le PÈRE de tous, et il ne cessa pas de faire sentir autour de lui l'influence de ses conseils et l'autorité de ses inspirations. Tout en proclamant la fin de sa tutelle omnipotente, il put maintenir par ses avis quelques-uns des engagements imposés à ses enfants mineurs, tels que le *costume* et le *célibat*. Le 26 janvier 1833, il écrivait à Barrault, à Lyon :

« J'entends, du fond de ma prison, l'Orient qui s'éveille et qui ne chante point encore, qui crie. Je vois l'étendard du prophète souillé, brisé, le vin coulant avec le sang engourdi d'opium, dans les ruisseaux de Stamboul. Le Nil a rompu ses digues, et se répand plus loin qu'il n'a jamais marché, portant les germes que la main de Napoléon a secoués sur ses bords. et que Méhémet a fécondés. Le voile de l'odalisque est tombé devant Mahmoud ; le verbe a pris sa forme *multiple*. Par la presse, il ronge le livre *un*, le Coran. La grande communion se prépare; la Méditerranée sera belle cette année depuis Gibraltar jusqu'à Scutari; cette côte brûlante se soulève, et appelle l'Occident endormi sous la parole de ses phraseurs de tribune. Italie! Italie! tu auras quelques grands jours encore; tu es étendue sur cette belle couche nuptiale; ton ciel, dôme de Saint-Pierre, couvrira de sa riche parure la joie des fiancés; tu n'es pas l'avenir, mais tu es le grand héritage du passé, la dot du Père au FILS et à la FILLE. »

« Barrault, voilà ce que j'écrivais hier.

» Voilà aussi ma réponse à tes notes des 12 et 13 avril et du 14 juin, à ta parole sans cesse renouvelée et qui, jusqu'ici, m'a trouvé muet.

» Je conçois, je sens ton départ, et je te rends grâces de m'en avoir sans cesse respectueusement frappé l'oreille.

» Le temps est venu.

» Tu peux *M'annoncer* à l'Orient et y *appeler* la MÈRE...

» Je t'ai dit : *le célibat plus sévère que jamais :* j'ajoute : respect à *toutes* les femmes, *quelles qu'elles soient;* c'est par là que vous devez signaler votre foi; saluez-les *toutes,* ces filles d'Orient, *en mon nom,* à haute voix. Devant toutes *décou-*

vrez-vous, et que votre béret ne tombe devant aucun homme ; que la femme soit l'être saint pour vous, afin que l'homme la sanctifie. Les fils de Mahomet n'ont pas su encore *respecter* la femme, mais ils l'*aiment* cependant ; par réaction ils passeront de cette passion *charnelle* au *respect*, plus tôt peut-être que les descendants de nos chevaliers chrétiens qui n'ont respecté que la *Vierge*, mais qui n'ont pas mieux connu l'ÉPOUSE que les *temps*.

» Que cette réaction soit forte, par l'exemple de vos hommages.

» Que Dieu, Père et Mère[1] de tous et de toutes,

1. Le dogme de la divinité *androgyne*, énoncé par Enfantin dans sa correspondance de 1829, était universellement admis par les apôtres de Ménilmontant en 1832. Dans l'intervalle qui sépare ces deux époques, Enfantin avait publié dans *le Globe*, au commencement de 1831, ces remarquables paroles :

« Réjouissons-nous et faisons éclater notre joie ; rendons grâces à Dieu, parce que les NOCES DE L'HOMME SONT VENUES ET QUE SON ÉPOUSE Y EST PRÉPARÉE.

» COUPLE saint, divin symbole d'union de la *sagesse* et de la *beauté*, amoureuse ANDROGYNE, tu donneras la vie à l'*esprit* et à la *matière*, aux travaux de la *science* et à ceux de l'*industrie*. Par toi, plus de guerre dans le monde, car tu l'embrasses tout entier dans ton amour ; par toi, plus de despotes et d'esclaves, car tu ne *commandes* pas, pas plus que tu n'obéis ; tu *es aimé* et tu *aimes*. Couple saint, tu as cueilli le fruit de l'arbre de vie ; pour toi, plus de *faute originelle*, mais aussi, par toi, tous les *priviléges de la naissance* sont abolis, car c'est par l'AMOUR seul que tu t'es formé ; c'est par l'amour seul que se sont cherchées

soit par vous invoqué surtout dans la *maternité*.

» Que, dans vos pratiques, la face *mâle* de tout ce qui est, reçoive une adoration mystique, mais que la face *femelle* soit visible, éclatante.

» La terre et les astres à la Mère;

» L'eau et l'air au Père;

» La droite à la Mère;

» La gauche au Père;

» La mère c'est la Jungfrau des Alpes, c'est l'Hymalaya;

» Le Père est aux mines et aux forges;

» Il est captif comme le grand visir, en prison à Paris, en prison au palais de Stamboul.

» La Mère est en liberté, les sérails sont ouverts.

» A la Mère le *chant* du *matin;* au Père le chant du *soir*, et la méditation solitaire.

» Et la Mère libre délivre les *captifs.*

» Barrault, rêve sur les deux femmes, près de

et unies les deux moitiés de ton être; et par toi ce sera selon *leur amour*, et non plus selon *leur naissance*, que l'homme et la femme seront unis. Vivante image de TOUT CE QUI EST, de DIEU, Couple du progrès, un et multiple à la fois, tu portes dans ton sein et tu répands sur le monde le calme de ton puissant amour. Tu sais modérer l'*ardeur* et réveiller la *patience*, joindre l'*intelligence* à la *force*, et la *grâce* à la *raison*. D'une main, tu pèses sur l'orgueil; de l'autre, tu relèves l'humilité. Tu *écoutes* le bruit des siècles *passés;* nulle *tradition* ne frappe en vain ton oreille, et tu *proclames* les *destinées* de l'humanité et du monde; tu chantes l'éternelle *prophétie*. »

Mahomet, *Marie* et Fatmé; je crois, ue tu y trouveras quelque chose. Il y a là, je crois une *prophétie* et une *tradition;* la tradition est finie, que la prophétie commence!

» Il y a là une *suite* de Marie chrétienne, mère sans tache; une transition à la Marie nouvelle, à l'épouse *libre, égale.* — P. Enfantin. »

Le 4 février, nouvelle lettre dans laquelle Enfantin dit à Barrault :

« Holstein te portera un collier, dont chaque anneau se rattache aux phases de notre vie; chacun d'eux désignant les hommes qui, jusqu'ici, ont marqué leur passage parmi nous [1].

1. Voici l'explication du collier, donnée à Holstein par Michel Chevalier, dans une lettre du 14 janvier 1833 :

« En tête, Saint-Simon, représenté par un rectangle en acier.

» Buchez, Margerin, anneaux de bronze (passé).

» Eugène, triangle plein, acier bleu (travail de la Trinité).

» Laurent, acier bruni.

» Bazard, barre d'acier bruni, à laquelle seraient suspendus quatre petits anneaux d'acier bruni, représentant Carnot, Dugied, Leroux, Reynaud, et quatre anneaux en laiton, représentant Rességuier, Transon, Cazeaux, Jules.

» Rodrigues, masse en cuivre rouge, offrant la combinaison de la ligne droite et du cercle, assemblés à angle vif.

» Fournel, Bouffard, Flachat, anneaux en cuivre rouge.

» Lambert, d'Eichthal, Duveyrier, acier bruni.

» Talabot, acier bleu plein.

» Hoart, acier.

» Barrault, grand anneau d'acier.

» Michel, grand anneau laiton.

» Le Père, demi-sphère en laiton. »

» Jusqu'à ce que la MÈRE consacre, ou change ce signe de chevalerie, qui est aussi notre signe de triple servitude de célibat, de prolétariat et de prison; cette chaîne de nos mérites passés est ouverte au mérite de tous; car j'annoncerai à tous mes enfants quels seront ceux d'entre eux qui se rendront dignes d'y voir joindre aussi leur anneau.

» Ce collier se compose de dix-huit chaînons principaux.

» En mars nous aurons un calendrier imprimé [1], signalant les faits remarquables de notre vie. Je t'envoie par Holstein un brouillon commencé par moi. Fais-y porter les dates qui te semblent importantes, les naissances, les élections au collége, etc.

» Pour préparer ton départ, je désire que le

---

1. Dès le 6 février, Michel donnait à Holstein les détails suivants sur le calendrier, en lui annonçant qu'ils avaient été déjà adressés à Barrault par Enfantin lui-même :

Jours de la semaine :

Lundi, Saint-Simon ;
Mardi, Rodrigues;
Mercredi, Bazard ;
Jeudi, Barrault ;
Vendredi, Michel ;
Samedi, le Père ;
Dimanche, la Mère.

Les jours du mois rappelaient également les noms des premiers propagateurs de la doctrine saint-simonienne.

3 mars, anniversaire de notre célibat, soit rigoureusement célébré par toi, par vous, que la nuit du
2 au 3, nuit sévère où cette décision a été prise,
soit jusqu'à trois heures employée, *comme tu le
croiras convenable*, pour imprimer dans le cœur
de tous la sainteté de ce vœu de l'affranchissement de la femme. Tu verras si et *comment* des
femmes pourraient être témoins. Le 3 est un dimanche, les travaux n'en souffriront pas.

» Tu cites d'Eichthal dans ta lettre ; Barrault, son
anneau touche au tien. Rappelle à mes enfants que
d'Eichthal a provoqué ou compris le premier tous les
actes importants de ma vie, depuis mon entrée à la rue
Monsigny jusqu'à la dispersion actuelle. Que par toi,
tous mes enfants comprennent donc sa dernière œuvre, son départ de novembre ; tous n'en ont pas senti
peut-être encore la valeur religieuse, ni ce qu'il y a,
dans le cœur du fils, d'amour pour le PÈRE. Mais
maintenant que tous, autour de toi, ont senti, me
dis-tu, l'inspiration qui t'anime, même ceux qui,
ayant une autre nature que la tienne, sont surtout
le prolongement de MA vie, et qui doivent l'être,
puisque c'est une forme puissante d'appel à la
MÈRE, maintenant, dis-je, tu pourras le 3 mars,
jour du célibat provoqué par d'Eichthal, leur faire
rendre justice au PROPHÈTE. — P. ENFANTIN. »

Enfantin tenait donc fortement à faire bien comprendre à tous et à toutes que la dispersion des apôtres de Ménilmontant était une nécessité providentielle, dont la provocation prophétique devait être glorifiée, et qu'il fallait y voir par-dessus tout un acheminement à une nouvelle forme de propagande, mieux appropriée aux maximes. libérales et aux exigences légitimes de la démocratie moderne, restée debout à travers tant de révolutions, et toujours maîtresse des portes de l'avenir.

Le signal de cette transformation apostolique était même déjà donné. Le collier, nouvelle marque distinctive de l'admission des néophytes éprouvés, allait être distribué à Lyon, avec solennité. Michel Chevalier traça le programme de cette cérémonie à Holstein, dans une lettre du 6 février, en ces termes :

« La principale fête des amis du Père sera les 7 et 8 février, jours anniversaires de ta naissance et de celle du Père. Cette fête sera célébrée avec une solennité particulière à Lyon, qui est la ville du travail mâle en France, et à Paris la ville de notre passé.

» Avant de recevoir l'accolade et le collier de tes mains ou de celles d'un de tes adjoints, le postulant fera l'acte de foi qui suit :

» Je crois en DIEU, Père et Mère de tous et de toutes, éternellement bon et bonne.

» Je crois en DIEU AMOUR infini, *sagesse* et *science* infinies, *beauté* et *force* infinies.

» Je crois que DIEU, a suscité Saint-Simon pour enseigner le PÈRE par RODRIGUES;

» Je crois que DIEU, a suscité le PÈRE pour appeler la FEMME MESSIE qui consacrera l'union par égalité de l'*homme* et de la *femme*, de l'HUMA-NITÉ et du MONDE.

» Amis du Père, voilà ma foi.

» Je vous demande d'être admis parmi vos frères, afin que je consacre comme vous ma vie à préparer la gloire du PÈRE et la venue de la MÈRE, en faisant éclater l'aisance, la joie et l'espoir sur la face du peuple.

Amour à Dieu,
Gloire au Père,
Espoir à la Mère.

» Après que le nouveau frère aura dit, toi, ou ton adjoint en ton nom, lui donnerez l'accolade du patronage en disant :

» Au nom de Dieu, Père et Mère,

» Je te nomme *ami* du PÈRE; je te proclame notre *frère*.

» (Tous: il est notre *frère*, il est l'ami du PÈRE.)

» (Il recevra ton accolade de compagnon.)

» *Lui mettant ensuite le collier*, tu ajouteras :

» HOMME, tu aimes le PEUPLE; je te donne la chaîne, signe de la triple servitude du célibat, du prolétariat et de la prison que le PÈRE et ses fils ont subis pour le PEUPLE.

» Ainsi seront consacrés les *amis du* PÈRE; ils sont aussi les vrais *amis du peuple* voulant pour la *femme*, comme pour l'*homme*, LIBERTÉ, ÉGALITÉ.

» Tu auras à expliquer à Barrault et à tous les fils du PÈRE que tel est le sens du collier.

» Ensuite tu mettras le collier conformément à la lettre du Père à Barrault, à Bruneau, à Hoart.

» Tu le mettras toi-même à Arlès.

» MICHEL CHEVALIER. »

Voici les ouvriers de la nouvelle heure, les apôtres de la phase démocratique! Les *amis du Père* sont désormais constitués au nom de Dieu *père et mère*, sous les auspices de la *liberté* et de l'*égalité;* cette double invocation correspond aux aspirations et aux espérances du *peuple* et de la *femme*.

La distribution des colliers eut lieu à Lyon à la fin de février, il s'en fit de semblables à Paris pendant le mois de mars et au commencement d'avril.

Dans les premiers jours de mars, une réunion nombreuse de la famille de Paris avait célébré, selon le désir du Père, l'anniversaire de la consécration provisoire du célibat. Enfantin fut consolé, au fond de sa prison, par le récit des incidents qui avaient marqué ce jour de fête. C'est Holstein qui se chargea de cette intéressante communication, dans les deux billets suivants :

3 mars. — « PÈRE, nous attendons aujourd'hui la famille de Paris, elle vient inaugurer le buste de Saint-Simon dans la galerie. Il sera posé sur la cheminée.

» Je fais mettre le tableau de Bouchot dans la galerie, devant la porte du milieu des trois portes qui ouvrent dans le salon, et faisant face à la porte d'entrée. C'est le seul endroit convenable de toute la maison.

» Je te recommande bien, PÈRE, la note pour les autres tableaux et portraits. J'engage Raymond Bonheur à venir dîner mardi avec nous, et passer par conséquent une partie de la journée pour commencer à mettre de l'ordre dans tout cela. »

« Le 3, au soir.

» PÈRE,

» Le buste de Saint-Simon a été inauguré aujourd'hui dans la galerie de Ménilmontant.

» La famille de Paris, réunie à deux heures à la barrière des Amandiers, s'est mise en marche à trois heures, en suivant le boulevard jusqu'à la barrière de Ménilmontant, dont elle monta la chaussée en chantant tour à tour et l'*Appel* et l'*Arche de Dieu* de Mercier.

» Elle est arrivée à trois heures et demie, suivie d'un nombreux cortège. Ollivier et moi avons été la recevoir à la porte, et nous mettant en tête de la famille nous nous sommes rendus à la galerie. Arrivés devant la cheminée, Ollivier et moi avons enlevé le buste du brancard sur lequel il était posé et l'avons placé sur la cheminée.

» Ton portrait figurait dans la galerie en face de la porte d'entrée, il a été salué par le chant de Mercier, le PÈRE.

» Ferrand a chanté le *Temple de Dieu*.

» J'ai dit :

» Voici le Père (en montrant ton portrait),

» Voici Saint-Simon (en montrant le buste).

» Entre Saint-Simon et le PÈRE est un homme que nous aimons, Rodrigues.

» Le jour où vous venez inaugurer le buste de Saint-Simon dans cette demeure, n'oubliez pas, amis, que Saint-Simon a été le maître de Rodrigues, et que Rodrigues a enseigné le PÈRE [1].

» Marchons.

» Ollivier et moi nous nous sommes mis à la tête de la famille et l'avons conduite sur le temple. Arrivé là, j'ai fait entonner le chant de Bergier comme celui qui avait été chanté le premier à Ménilmontant, et après quelques paroles prononcées

---

[1]. Peu de jours après, Enfantin confirmait cet hommage à Rodrigues, à propos d'une discussion fâcheuse qui s'était élevée, au sujet du déménagement de ce dernier, entre lui et le mandataire du Père.

« Prends tout ce que je vais te dire ici, mon cher ***, comme le plus grand enseignement moral que Dieu m'ait permis de te donner à *toi*, dont pourtant la moralité est si grande.

» Le plus grand livre que Saint-Simon ait laissé, livre imparfait, incomplet, comme tout ce que Saint-Simon a fait, mais livre immense, colossal, comme tout ce qu'il a fait, c'est RODRIGUES.

» Tu ne le sens pas encore ; ma mission envers toi consiste à te le faire sentir, mais j'y parviendrai ; et si je donne *aujourd'hui*, 9 mars, à la mémoire de mon maître dont le cœur fut brisé par Comte, son élève, satisfaction de notre dette envers celui qui nous a enseigné à tous la doctrine du MAÎTRE, je serai content. — P. ENFANTIN. »

L'espoir d'Enfantin n'a pas été vain. Nul ne professe aujourd'hui plus de respect et de sympathie religieuse pour la mémoire de Rodrigues que le saint-simonien à qui cet enseignement prophétique fut adressé.

par Mercier, on a entonné le chant du *peuple qui féconde la terre !*

» La famille s'est alors mêlée au public qui avait assisté à cette sainte cérémonie.

» Le nombre des costumes et des bérets était tel qu'on aurait pu croire que nous renouvelions une de nos journées d'août ou de septembre. Le ciel nous a favorisés d'un temps superbe. »

» Nous t'embrassons, Père. — Holstein. »

Les costumes et les bérets affluaient à Ménilmontant presque vide, et la foule s'y pressait plus avide que jamais de satisfaire la curiosité sympathique que lui inspiraient les saint-simoniens. La police ne faisait plus de procès-verbaux, et la justice allait prononcer sur ceux qui avaient été dressés en juillet 1832. Le 8 avril en effet, Enfantin et Michel Chevalier comparurent de nouveau devant les assises de la Seine. L'audience commença par l'acquittement de deux membres de la société des *Amis du peuple.* Voici le compte rendu de la suite de cette audience, que nous empruntons à la *Gazette des Tribunaux* ·

COUR D'ASSISES DE LA SEINE.

Audienc du 8 avril 1833.

« Aux deux accusés qui se retirent du banc des

accusés succèdent le *père* Enfantin et Michel Chevalier, tous deux extraits de Sainte-Pélagie. Le
premier apparaît brillant de luxe et remarquable
de gravité. Un riche manteau de velours orné
d'hermine est jeté avec grâce sur ses épaules. Des
bottes confectionnées avec art montent jusqu'à ses
genoux ; un cachemire enlace son cou et tombe sur
sa poitrine, sa barbe est longue et arrangée avec le
plus grand soin.

» Quant à Michel Chevalier, il n'a plus de barbe.
Il l'a coupée, dit-on, avec l'agrément du *Père* ; il
a quitté aussi le costume de saint-simonien ; il
aurait, dit-on encore, la permission de s'occuper
des choses de ce bas monde, et de parcourir une
carrière industrielle.

» Un collier d'acier, tantôt mat, tantôt poli et
brillant, orne les épaules des saint-simoniens et des
saint-simoniennes qui assistent en foule à ce procès.
Ce collier a plus d'une signification, car chez les
saint-simoniens, tout est emblème.

(Le rédacteur reproduit ici l'explication som-
maire qu'un saint-simonien lui a donnée de ce
collier.)

» Un autre emblème, résultant d'une autre partie du costume, nous est expliqué ; c'est le nom de
chaque saint-simonien brodé sur son gilet symbo-

liqué, boutonné par derrière. Ce nom est un moyen d'imposer à chacun la responsabilité de ses œuvres.

» La prévention portée contre les saint-simoniens est la même que celle dirigée contre les *Amis du peuple* (le délit prévu par l'article 291 du code pénal).

» Sur les interrogations du président, le père Enfantin répond : « Je ne veux prendre en ce mo-
» ment aucun titre et je ne le pourrais. »

Baud déclare se présenter pour défendre Michel Chevalier. Sur la demande du président, Enfantin refuse l'assistance de tout défenseur.

Le président rappelle alors la première application de l'article 291 encourue par les prévenus qui déclarent qu'ils ont continué leurs réunions. Baud soutient que les saint-simoniens ayant déclaré qu'ils exerçaient un culte, et laissant les portes de leur domicile ouvertes, leur culte et les pratiques auxquelles ils se livrent sont protégés par la loi spéciale do vendémiaire an IV.

Michel Chevalier ajoute quelques observations.

« Le Père Enfantin se lève, dit le *rédacteur* de la *Gazette*, et après avoir promené lentement ses regards sur toute l'assemblée, il dit :

« Dieu a voulu me faire sortir aujourd'hui de ma solitude, de ma prison ; je lui rends grâces d'avoir choisi ce jour, car il est grand et saint pour moi, pour tous ; car l'an dernier, au lundi de la pâque chrétienne, mes enfants m'accompagnaient à l'enterrement de ma mère et moi je les conduisais à notre retraite de Ménilmontant, et je lui rends grâces de m'avoir amené devant vous pour célébrer la commémoration séculaire de Jésus.

» Le Père Enfantin, après avoir rappelé que les apôtres de la religion chrétienne ne voyaient dans leur Dieu que les attributs de l'homme, formule sa religion en ces termes : « Dieu est père et mère de » tous et de toutes. Dieu père, il est bon ; Dieu mère, » elle est bonne. »

» Le Père Enfantin annonce que ses fils sont partis libres pour les rives d'Orient, ont été chercher la femme libre, et que, de la femme sortira, pour la société, liberté, paix et bonheur.

» Après trois quarts d'heure de délibération, les jurés répondent négativement et les deux prévenus sont acquittés. »

Jamais la parole d'Enfantin n'avait été aussi religieuse, aussi sublime, aussi pénétrante. Des femmes saint-simoniennes la recueillirent, et elle fut bientôt livrée à l'impression. C'est le couronnement du dogme nouveau, le magnifique résumé de l'élaboration philosophique et religieuse, commencée par Saint-Simon, continuée par Rodrigues, Enfantin et Bazard, et conduite par Enfantin, sous la discipline vigoureuse d'un héroïque apostolat, à cette admirable conclusion :

PAROLE

DU PÈRE

A l'audience de la cour d'assises,

Du 8 avril 1833.

DIEU a voulu, Messieurs,
Me faire sortir AUJOURD'HUI de ma solitude,
De ma prison,
Pour que vous soyez témoins encore
D'un acte de ma FOI.
Je LUI rends grâces
De vous avoir fait choisir ce JOUR, Messieurs ;
Il est grand, il est sacré pour moi,
Il est sacré pour tous.

L'année dernière,
A la même époque,
Lundi de la PAQUES chrétienne,
Mes ENFANTS m'accompagnaient
Aux funérailles de ma MÈRE ;
Et moi, je les conduisais
A notre retraite,
Dans les lieux mêmes où je fus élevé, nourri
Par ma MÈRE.

Là j'ai initié mes FILS
Aux rudes labeurs de la vie nouvelle ;
C'est là que je leur ai donné
La force et les moyens
D'accomplir leur mission,
D'appeler leur MÈRE.

Mais, je vous le répète,
Ce JOUR n'est pas grand seulement
Pour MOI ;
Il n'est point sacré seulement
Par les souvenirs récents de MA vie ;
Il est grand, il est sacré pour TOUS.

Dix-huit siècles viennent de s'accomplir
Depuis la mort de JÉSUS,
Depuis la mort du fils de l'HOMME,
Depuis la mort de celui qui,
Au nom de DIEU le PÈRE,
Est venu donner à l'HOMME,
A l'HOMME seul,
La *liberté*,
Et qui par l'homme fut mis à mort.

Eh bien ! AUJOURD'HUI,
Qu'affranchis par moi de toute *autorité*
D'HOMME,
Mes FILS, dispersés sur la terre,
Portent, jusque sur les mers d'Orient,
Ma parole de *liberté*
Pour la FEMME,
Et que l'Occident écoute,
Pour la dernière fois,
Le verbe de DIEU proféré
Par l'HOMME seul ;

AUJOURD'HUI, je vous le dis encore,
Je rends grâces à mon DIEU
De m'avoir amené devant vous
Pour célébrer, à la face de tous,
La commémoration séculaire
De la mort de JÉSUS ;
Pour la célébrer solennellement,
En mémoire de ma MÈRE ;
Car si JÉSUS a été envoyé
Pour ENSEIGNER au monde
La SAGESSE du PÈRE,

Moi, je suis envoyé par mon DIEU,
PÈRE et MÈRE de TOUS et de TOUTES,
Pour faire désirer au monde
Sa tendresse de MÈRE.

J'ai dit DIEU PÈRE et MÈRE
De TOUS et de TOUTES,
Parce que cette simple parole
Renferme notre FOI RELIGIEUSE.

Pour vous la faire comprendre,
J'en appelle à vous-mêmes ;
Et je ne parle pas seulement à ceux d'entre vous
Qui portent en eux
Une pensée RELIGIEUSE ;
Je m'adresse à ceux même qui seraient plongés
Dans le *scepticisme* le plus raisonneur,
Ou dans l'*athéisme* le plus aveugle ;
Je parle à TOUS.

Je vous le demande donc :
Lorsque le nom sacré de DIEU
Est prononcé devant vous,
Quels *attributs* rappelle-t-il à vos esprits,
Quelles *vertus* réveille-t-il en vos âmes ?
Ne sont-ce pas les *attributs* de l'HOMME,
Les *vertus* MALES seulement,
Que toujours et partout
Vos cœurs d'HOMMES divinisent ?

Or, réfléchissez, je vous prie,
Car je voudrais ici me faire bien comprendre,
A la différence immense qui existe
Entre l'homme qui ne voit en son DIEU
Que les *attributs* et les *vertus* de l'HOMME
DIVINISÉS,
Et celui qui y sent encore,
Poétiquement élevées à une puissance
INFINIE,
Les *grâces* et les *vertus*
De la FEMME.

Oh! oui, c'est bien
Par une CONCEPTION miraculeuse
De l'ESPRIT,
Mais de l'ESPRIT de l'HOMME,
Que la femme occupe déjà,
En MARIE,
Une aussi belle place
Dans la FOI chrétienne,
Dans cette FOI qui adore
DIEU le PÈRE,
DIEU le fils et DIEU le SAINT-ESPRIT.

Mais ne voyez-vous pas
Que tout cela est toujours mâle
Et sombre comme la *solitude;*
Que tout cela est pesant et froid
Comme le marbre du *tombeau;*
Que tout cela est sévère
Comme une CROIX?

Or, nous disons, nous,
DIEU PÈRE et MÈRE,
Et je vous affirme que celui d'entre vous
Qui communiera d'espoir et d'amour
Avec notre DIEU,
Qui n'est pas seulement BON
Comme un PÈRE,
Mais qui est aussi TENDRE
Comme une MÈRE,
J'affirme que celui d'entre vous
Qui communiera
Avec LUI et avec ELLE
Aura revêtu, par cela seul,
Une VIE NOUVELLE.

Car l'HUMANITÉ et le MONDE,
TOUT lui apparaîtra
Sous un aspect nouveau;
Car ses SENTIMENTS, ses *pensées* et ses *actes*
Ne seront plus les mêmes;

Car son AMOUR, son *esprit* et sa *chair* même
  Seront transfigurés.

Et voilà pourquoi nous vous paraissons
  Si extraordinaires;
Voilà pourquoi la PASSION qui nous anime,
Les *idées* que nous semons par le monde,
 Les *actes* que vous nous voyez faire,
  Tout, jusqu'à notre *parole*,
   Et notre *costume*,
  Et nos *figures* même,
 Tout en NOUS est marqué pour vous
  D'un caractère étrange.

  C'est que nous ne vivons pas
  De la même VIE que vous;
   C'est que notre DIEU
   N'est pas le VÔTRE;
  C'est, je vous le répète encore,
Et je veux que l'étrangeté de ma parole
  Grave mieux en vous ma pensée,
   C'est que, notre DIEU,
  IL n'est pas seulement BON
   Comme un PÈRE,
   ELLE est aussi TENDRE
   Comme une MÈRE;
   Car IL est et ELLE est
   Le PÈRE et la MÈRE
  De TOUS et de TOUTES.

Et maintenant que je vous ai dit
  Notre FOI RELIGIEUSE,
Je peux vous parler des HOMMES
  Qui la propagent,
Et de leur ASSOCIATION sainte,
 Que l'on prétend condamner
  Et dissoudre.

Les hommes qui m'entouraient
  Dans notre retraite
  Sont loin de moi;

La plupart, sortis, comme moi,
Des classes riches et éclairées,
Partagent en ce moment
Le pain et le travail du PROLÉTAIRE;
Ils vivent au milieu du PEUPLE,
Et leur influence n'y est pas plus dangereuse
Que la mienne dans ma prison;
Car tous portent en eux
La vie pacifique qui m'anime.

Dans cette retraite où j'avais conduit mes ENFANTS,
Je vous l'ai dit, nous nous sommes initiés
A notre vie actuelle.
Et d'abord, nous avons fait disparaître
Du milieu de nous
Le signe de servitude
Qui pèse encore sur les peuples chrétiens même,
La DOMESTICITÉ.
Ensuite, nous avons revêtu,
Le jour où le sang coulait dans vos rues,
Où les partis s'égorgeaient sur vos places,
Le 6 juin,
Nous avons revêtu un COSTUME
Qui, nous signalant à tous
Par notre NOM même,
Était un gage de la lumière
Que nous voulions répandre
Sur tous les actes de notre vie
LOYALE et PACIFIQUE.
Puis, nous avons exercé nos CORPS,
Peu habitués aux rudes travaux du prolétaire,
Nous les avons exercés aux fatigues et aux douleurs
Que nous savions nous être destinés;
Enfin, nous avons préparé nos AMES,
Par cette demi-solitude volontaire,
A la grande solitude
Qui peut, qui doit frapper
L'APÔTRE d'une FOI NOUVELLE
Dans un monde sans FOI.

Eh bien, ce sont de tels hommes
Que l'on a tourmentés et gênés,
Que l'on tourmente, que l'on gêne,
Que l'on injurie encore,
Avec un prodigieux aveuglement.
Nos travaux étaient brutalement interrompus,
Nos cérémonies troublées,
Nos parents et nos amis chassés,
Nos portes fermées, gardées, scellées;
Et nos accusateurs nous signalaient,
Et nous signalent encore,
Comme des hommes dangereux pour la paix publique.

Sans doute, si l'on agit ainsi,
C'est parce que l'on nous suppose un but,
POLITIQUE;
Et cela est vrai.
Oui, certes, nous avons un but POLITIQUE,
Car nous avons une FOI RELIGIEUSE
Qui nous dit ce que DIEU veut
Des sociétés humaines :
Nous formons donc une ASSOCIATION
POLITIQUE et RELIGIEUSE,
Si du moins vos lois peuvent reconnaître
Une ASSOCIATION
Là où le seul titre qui la constate
Est la VOLONTÉ LIBRE des associés;
Dans tous les cas, j'admets
Que, dans la brutalité de sa lettre,
L'inconcevable article 291
Nous est applicable;
Mais, Messieurs, je parle à des hommes,
A des hommes intelligents,
Et non à des textes morts.

Eh quoi ! ne serait-il donc plus permis
D'espérer un *avenir* autre que le *présent;*
Un *avenir* de paix, d'union, de travail et d'amour,
Au lieu de ce *présent*

De partis et d'émeutes, de haines et de sang !
Mais d'ailleurs, quelle est donc cette FOI POLITIQUE
Dont la propagation paraît si effrayante?
Messieurs, la voici.

Nous avons FOI que DIEU ne fera cesser
Les *haines* politiques qui vous déchirent tous,
La *misère* et l'*ignorance* qui irritent les *travailleurs*
Et les poussent à l'émeute,
L'*oisiveté* qui ronge les classes *riches* et *éclairées*
Et leur apporte l'ennui, le dégoût et la peur;
Enfin l'ATHÉISME et l'ÉGOÏSME,
Cette double lèpre qui couvre le monde
De douleurs sans espoir,
Et d'immoralité sans remords;
Nous avons FOI que DIEU ne fera cesser
Toutes ces choses
Que par les FEMMES.

Oui, je vous le dis encore,
DIEU ne vous enverra
La PAIX, l'ORDRE et la LIBERTÉ
Que vous cherchez en vain parmi vous,
HOMMES,
Que par les FEMMES.

Telle est la FOI POLITIQUE
Qu'au nom de mon DIEU,
PÈRE et MÈRE de TOUS et de TOUTES,
J'ai donnée à des HOMMES
Qui, pour cela, m'ont nommé le PÈRE,
Et qui appellent et attendent la MÈRE.

Telle est la CROYANCE
Qui a donné espoir à ces cœurs généreux,
Souffrants des maux de la grande PATRIE,
Des douleurs de la FAMILLE humaine;
Qui leur a donné espoir,
Parce qu'ils ont senti que le bonheur de tous
Pouvait et devait s'obtenir
PACIFIQUEMENT et PROGRESSIVEMENT,

> Sans *violence* et sans *ruse*,
> En invoquant le secours de DIEU,
> Dans sa manifestation vivante
> De douceur, de paix et de beauté,
> En invoquant les FEMMES.

> Je vous ai dit notre loi
> POLITIQUE et RELIGIEUSE :
> Voyez maintenant
> Si vous voulez la condamner ;
> Elle est la base de notre ASSOCIATION sainte :
> Voyez maintenant
> Si vous *pouvez* la dissoudre.

A cette parole, qui amena l'acquittement des prévenus sur le même délit qui les avait fait condamner à la prison, et pour lequel ils avouaient hautement la récidive; à cette parole, dont l'avenir marquera la place mieux qu'on ne saurait le faire de nos jours, parmi les plus beaux textes des livres sacrés, Enfantin avait ajouté la déclaration solennelle de la transformation qui s'opérait par nécessité providentielle, sous l'influence du génie moderne inspirateur de Saint-Simon, dans la constitution de la société saint-simonienne. Devant les jurés, il ne crut pas opportun de lire cette déclaration qu'il a conservée dans ses archives, et que nous reproduisons ici comme essentiellement instructive, non-seulement pour le passé, mais surtout pour l'avenir du saint-simonisme.

Mais je ne vous ai pas dit encore
Ce qui doit faire disparaître
Toute hésitation de vos esprits;
Car il s'agit ici surtout de MOI,
Et je vous ai parlé de NOUS;
Il s'agit ici surtout
Des intentions que l'on me suppose,
De l'influence que je pourrais exercer
Sur des hommes
Qui se sont dits hautement
MES FILS DÉVOUÉS,
Et qui se sont unis à MOI
Par les nœuds de la plus sainte affection.

Eh bien! je le déclare,
Au nom de MON DIEU
Qui ne m'a pas envoyé seulement
Pour enseigner son *nouvel amour*,
Mais qui veut aussi, j'en ai la foi, .
Que j'en donne l'*exemple* au monde;
Je le déclare,
J'ai complétement *abdiqué*,
Jusqu'à la venue de la MÈRE
De mes enfants,
Toute espèce d'autorité
Sur des *hommes*.
Celle que j'exerçais, plus longtemps continuée,
Deviendrait impie;
Et je confirme aujourd'hui,
Avec bonheur,
Cette ABDICATION SAINTE,
Que l'homme fait, par MOI,
De son autorité MORALE,
Politique et religieuse;
Je la confirme solennellement,
En ce JOUR,
Où dix-huit siècles sont passés
Sur la CROIX du FILS de l'HOMME,
Du libérateur de l'HOMME,

Sur la croix de l'homme-Dieu,
Fils de Dieu le Père;
Afin de célébrer,
En mémoire de ma mère,
Ce grand anniversaire,
Et de préparer ainsi
L'ère définitive
D'égalité et d'association
Entre la femme et l'homme;
Ère de paix et de liberté
Pour tous,
Qui sera signalée par la venue
De la femme-messie,
Par la divine apparition
De la fille de mon Dieu,
Que mes enfants appellent
Et que j'attends.

P. Enfantin.

FIN DU HUITIÈME VOLUME

Imp. L. Toinon et Cie, à Saint-Germain.